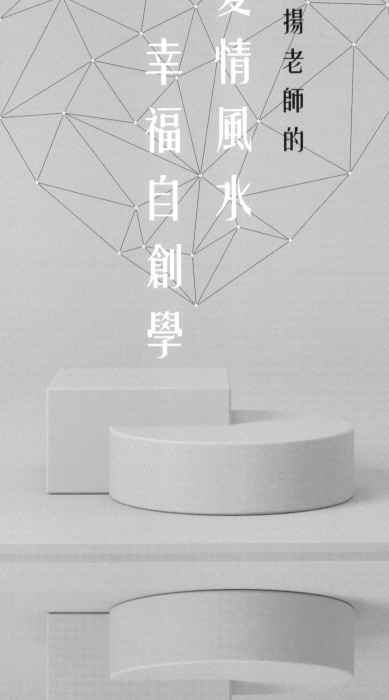

雨揚老師的

愛情風水
幸福自創學

掌握開運小祕方、輕鬆打理好風水、
了解十二生肖個性特質、相信自己培養正能量，
就能成功脫單，愛情婚姻無限美滿！

雨揚老師

著

臉譜叢書 FF1106

雨揚老師的愛情風水幸福自創學：

掌握開運小祕方、輕鬆打理好風水、了解十二生肖個性特質、相信自己培養正能量，
就能成功脫單，愛情婚姻無限美滿！

作　　　者	雨揚老師	
主　　　編	謝至平	
協 力 編 輯	雨揚科技文創部	
行 銷 企 畫	陳彩玉、陳紫晴、馮逸華	
編 輯 總 監	劉麗真	
總 經 理	陳逸瑛	
發 行 人	凃玉雲	
出　　　版	臉譜出版	

臉譜出版
台北市民生東路二段141號5樓
電話：886-2-25007696　傳真：886-2-25001952

發　　　行　英屬蓋曼群島商家庭傳媒股份有限公司城邦分公司
台北市中山區民生東路二段141號11樓
讀者服務專線：02-25007718；25007719

服務時間　週一至週五09:30-12:00；13:30-17:00
24小時傳真專線：02-25001990；25001991
讀者服務信箱：service@readingclub.com.tw
劃撥帳號：19863813 書虫股份有限公司
城邦讀書花園網址：http://www.cite.com.tw

香港發行所　城邦（香港）出版集團有限公司
香港灣仔駱克道193號東超商業中心1樓
電話：852-25086231或25086217　傳真：852-25789337
email：hkcite@biznetvigator.com

新馬發行所　城邦（新、馬）出版集團
Cite（M）Sdn. Bhd.（458372U）
11, Jalan 30D/146, Desa Tasik, Sungai Besi,
57000 Kuala Lumpur, Malaysia
電話：603-90563833　傳真：603-90562833

一版一刷　2019年9月

城邦讀書花園
www.cite.com.tw

ISBN 978-986-235-770-5
版權所有‧翻印必究（Printed in Taiwan）
售價：NT$ 328
（本書如有缺頁、破損、倒裝、請寄回更換）
本書感謝境庭室內設計、摩登雅舍室內設計提供室內外圖片；
giordano/ladies提供封面褲裝；雨揚珍品提供開運商品照片。

國家圖書館出版品預行編目資料

雨揚老師的愛情風水幸福自創學：掌握開運小
祕方、輕鬆打理好風水、了解十二生肖個性特
質、相信自己培養正能量，就能成功脫單，愛
情婚姻無限美滿！／雨揚老師著. -- 一版. -- 臺
北市：臉譜出版；家庭傳媒城邦分公司發行，
2019.09
　面；　公分. --（臉譜叢書；FF1106）
ISBN 978-986-235-770-5（平裝）

1.宅相　2.命理

294.1　　　　　　　　　　　　　108011786

目　次

自　序　　愛情是一門功課，善用風水、正面思考，幸福自然來敲門　　6

Part 1 好運愛情風水自己來

第 *1* 章　居家愛情風水總體檢　　11

1. 你家的愛情風水及格嗎？　　12

2. 你的愛情運勢屬於哪一級？　　15

第 *2* 章　如何選擇及打造增進愛情好風水的居家環境　　17

1. 屋外格局風水重點——選屋 5 大基本注意事項　　18

2. 屋內格局風水重點——增進情感及創造好姻緣的 47 個布置原則　　22

　● 色彩與風水很有關係——哪些顏色能帶來好運，哪些又該避免？　　43

　● 用對顏色能增進異性緣——顏色的意涵及使用原則　　45

　● 你不可不知的桃花方位——從出生年分找到你的「吉方位」　　47

　● 善用屬於你的開運植栽——興旺植物及化煞植物　　51

第 *3* 章　居家環境化煞補運祕方　　55

1. 化解屋外沖煞，拯救愛情的 22 個妙法　　56

2. 讓好運常駐家中的 6 個化煞寶物　　70

Part 2 十二生肖幸福臨門

第 *4* 章　**十二生肖的個性特質、愛情配對指數及幸福風水配置法**　77

1. 的個性特質、與各生肖的愛情配對關係及幸福風水布置法　79

2. 的個性特質、與各生肖的愛情配對關係及幸福風水布置法　84

3. 的個性特質、與各生肖的愛情配對關係及幸福風水布置法　89

4. 的個性特質、與各生肖的愛情配對關係及幸福風水布置法　94

5. 的個性特質、與各生肖的愛情配對關係及幸福風水布置法　99

6. 的個性特質、與各生肖的愛情配對關係及幸福風水布置法　104

7. 的個性特質、與各生肖的愛情配對關係及幸福風水布置法　110

8. 的個性特質、與各生肖的愛情配對關係及幸福風水布置法　115

9. 的個性特質、與各生肖的愛情配對關係及幸福風水布置法　120

10. 的個性特質、與各生肖的愛情配對關係及幸福風水布置法　125

11. 的個性特質、與各生肖的愛情配對關係及幸福風水布置法　130

12. 的個性特質、與各生肖的愛情配對關係及幸福風水布置法　135

Part 3 開運愛情 Q&A

第5章　**擁有真愛的訣竅：雨揚老師的心靈解藥及愛情開運小祕方**　143

1. 如何求得好姻緣？　145

2. 如何讓戀情保溫？　149

3. 如何防止戀人劈腿？　152

4. 如何提升自己在情人心中的地位？　155

5. 大老婆該如何自救？　158

6. 如何求異國戀及遠距離戀情順遂？　161

7. 姊弟戀該如何維繫？　163

8. 剪斷爛桃花的祕招！　166

9. 如何讓自己看起來更亮眼？　169

10. 如何跟婆婆及妯娌好好相處？　172

11. 如何遇上同性真愛？　175

12. 如何談一段美好的辦公室戀情？　179

愛情是一門功課，善用風水、正面思考幸福自然來敲門

　　風水學可以很嚴肅、很艱深，也可以很生活化、很科學、很有趣，我選擇以平易近人的方式，讓大家了解風水學的博大精深；我認為，風水是要提升人的生活品質，增進生活情趣、家庭和諧、招財納氣，使身心靈都得到富足、健康的境界。我也常常提供簡單而有效的風水布局法，希望帶給大家更多的希望、更積極的人生觀。

　　現代人的人際網絡複雜，透過網路能結交到許多朋友，也可以窺見彼此的生活型態。如果你仍單身，當看到其他情侶們恩愛放閃，是否內心有些酸酸的？又或者，假使你正遭逢另一半背叛，需要心靈慰藉，也許網路上流傳的一些正能量的文章幫助了你，然而究竟要怎樣才能讓自己擁有圓滿的感情，心中仍充滿問號？

　　愛情是人生的一大功課，這門功課修得好，會讓你的心情不再糾結，也能得到豐足的自我成長。我覺得，想遇上好緣分，必須要內外雙修，一方面要充實自己的內在，多讀書、多培養文藝嗜好，讓自己更有內涵，自然就會更有魅力；另一方面，你也可以藉由一些風水祕法改造命運，創造好磁場，就可以招來好桃花。

　　我在這本書中提供了很多風水知識，幫助各位讀者深入淺出地理解，如何藉由改造風水來轉化自己的命運，並且有許多 DIY 的小祕法，

幫助大家在生活中開運，找到適合自己的另一半。

　　除此之外，我也將命理職涯中所見所聞到的愛情課題，分享給所有渴望愛情或為愛所苦的讀者，希望我的體察與觀點，能幫助大家以正向的態度去面對愛情的疑難雜症，以更開闊的胸襟去轉化生命的起伏。我相信，正面的思考模式會帶來光明的人生，讓每個人都更加惜緣，運勢自然更好。

　　最後，學學風水，信而不迷。誠摯地祝福大家愛情圓滿，生活順心如意。

Part **1**

好運愛情風水自己來

（圖片提供：境庭室內設計）

第 1 章

居家愛情風水總體檢

1. 你家的愛情風水及格嗎？

有些人期待遇到真命天子，擁有浪漫的戀情後走入婚姻，卻始終遇不到對的人；有些人喜歡單身自在的生活，卻總有爛桃花來打擾，甩都甩不掉。愛情其實是一門深奧的學問，除了自身的個性會影響愛情的成敗以外，從風水命理的角度也能先嗅出一些端倪；在仔細翻閱本書之前，先來檢視一下你的居家風水，看看你的愛情風水能拿幾分（請依題目選擇最接近的狀況，並且將分數加總）？

1. 你家陽台的環境如何？
   a. 乾淨明亮、通風，且沒有堆放雜物→ 5 分
   b. 乾淨整齊，但放了置物櫃等物品→ 3 分
   c. 沒陽台或是堆滿雜物→ 1 分

明亮潔淨的居家空間，住起來心曠神怡，也能帶來好運。（圖片提供：摩登雅舍室內設計）

2. 打開房門口會對到什麼？
   a. 床鋪→ 1 分
   b. 窗戶或對面房間的門、廁所門→ 3 分
   c. 沒有上述的問題→ 5 分

3. 你的房間是屬於哪一類型？
   a. 雅房→ 5 分
   b. 套房→ 3 分
   c. 沒有自己獨立的房間→ 1 分

4. 你的房間牆壁是哪種顏色？
　　a. 暖色調（米黃、粉紅、粉橘……）→ 5 分
　　b. 冷色調（白、黑、藍、綠……）→ 3 分
　　c. 其他（艷麗搶眼的顏色……）→ 1 分

5. 房間的地板使用什麼材質？
　　a. 磁磚或大理石→ 1 分
　　b. 木板或塑膠地板→ 3 分
　　c. 地毯→ 5 分

6. 房間使用哪種燈光？
　　a. 黃色的鹵素燈→ 5 分
　　b. 白色的日光燈→ 1 分
　　c. 顏色多元的造型燈→ 3 分

7. 你平常睡的床是哪一種？
　　a. 單人床→ 3 分
　　b. 雙人床→ 5 分
　　c. 上下鋪或打地鋪→ 1 分

臥室風水對愛情運勢相當重要。（圖片提供：境庭室內設計）

8. 床頭的正後方是什麼？
　　a. 窗戶→ 1 分
　　b. 床頭櫃→ 5 分
　　c. 牆壁→ 3 分

9. 床單的顏色為何？
　　a. 粉色系或暖色系→ 5 分
　　b. 顏色艷麗、圖案繽紛→ 1 分
　　c. 暗色系或冷色系→ 3 分

10. 房間的家具大多是什麼材質？

    a. 金屬材質→1 分

    b. 木頭材質→5 分

    c. 其他→3 分

11. 房間內梳妝台的位置在哪裡？

    a. 與床頭櫃同邊且平行→5 分

    b. 沒有梳妝台或梳妝台在床尾→1 分

    c. 梳妝台擺在其他位置→3 分

12. 床正上方的天花板有什麼？

    a. 有梁柱→1 分

    b. 有吊扇或燈飾→3 分

    c. 平坦、無雜物→5 分

13. 你躺在床上，往床尾方向看過去會看到什麼？

    a. 落地窗或鏡子→1 分

    b. 電視或衣櫃→3 分

    c. 牆→5 分

整潔的居住環境，可以帶來好磁場。（圖片提供：境庭室內設計）

14. 房間內有哪些裝飾品？

    a. 有擺鮮花或掛吉祥畫→5 分

    b. 擺放尖銳物品→1 分

    c. 沒有裝飾品→3 分

15. 你家的浴室環境如何？

a. 雜亂潮濕或有汙垢→1 分

b. 整齊但有水氣→3 分

c. 乾濕分明且有香氣→5 分

2. 你的愛情運勢屬於哪一級？

分數	評比	轉運小提點
66-75	大吉	恭喜你！擁有如此良好的居住環境，你的愛情運一定非常順遂，不過別因此而懈怠喔，還是要時常變換家中的布置與擺設，如此一來，才能讓家中的好運磁場轉動。當居家環境品質越來越好時，不僅心情會歡喜愉悅，在面對愛情時，也能求新求變，持續學習成長。
51-65	吉	居住在這樣的風水格局中，愛情運還算不錯，最困擾你的應該是壞桃花不少，所以一定要有足夠的判斷力，才不會被虛幻的假象給蒙蔽；建議你開始加強家中的風水布局，擁有好的愛情風水能擋掉爛桃花，還能讓你找到合適的對象，彼此心意相通，相互扶持。
36-50	平	目前家中的愛情風水布局偏弱喔！如果希望感情能有比較好的發展或突破，建議你還是改善一下居家環境，太多的雜物及過多的裝飾與布置，需要好好地「斷捨離」一番，該丟的就要丟！收拾乾淨後，再依照書內的風水布局建議，改善家中混亂的磁場，進而促使你用全新的態度去面對情感、經營愛情。
15-35	不佳	要注意喔，你的居家環境是不佳的愛情風水格局，請立即改善！居住在這樣的環境中，容易讓人感到有壓力，情緒難以穩定平靜，反映在感情上就容易疑神疑鬼，而且沒有自信。若不快點改善，不僅感情不容易穩定、無法開花結果，甚至還會招惹爛桃花，讓人不堪其擾，所以若想讓自己擁有令人稱羨的愛情，就快點開始全面性的居家環境大改造吧！

結語：

做完愛情風水檢測後，你得到幾分呢？恭喜得高分的人，希望你能好好地經營愛情，維護好自己的居家風水。拿到低分的人也別氣餒，接下來將告訴你許多趨吉避凶的小撇步，讓你輕鬆打造一個好磁場，獲得甜蜜美滿的愛情！

第 2 章

如何選擇及打造
增進愛情好風水的居家環境

1. 屋外格局風水重點——
選屋 5 大基本注意事項

　　古語有云：「一命、二運、三風水、四積陰德、五讀書。」自古以來，居家風水就是人們相當重視的環節。沒有固定的住所，會有漂泊無依的失落感；沒有好風水的屋宅，運勢也無從開展，想要招桃花，覓得好姻緣的人更需注意風水，因為風水環境是找到幸福的關鍵之一。

　　風水的「風」指的是我們呼吸的空氣和賴以生存的陽光，「水」指的是河流、湖泊等提供我們飲用的水，風水兩字看似簡單，卻涵蓋了人類生存最重要的三大元素——陽光、空氣和水。妥善運用這些上天賜予我們的寶藏，跟天地和諧互動，將有助於我們生活得自在健康，氣色和人緣也自然跟著轉佳。

選擇良好的屋宅，有助於我們的運勢。（圖片提供：摩登雅舍室內設計）

　　古時候的人重視風水，大多會擇地而居，並避開各種沖煞，營造和合的居家環境，以求姻緣美滿、事事順利。然而現代社會情況有所不同，擁擠的都市生活裡出現的煞氣更多，若了解居家環境的沖煞問題，除了能避

開不宜居住的環境，也能藉由一些化解沖煞的方式來趨吉避凶，改善住家的氣場，讓運勢更平順，也更容易遇上適合自己的另一半，擁有美好的感情生活。

1. 屋宅空氣流通，好運進得來

選一處採光明亮的好宅，時常沐浴在和煦的陽光中，不只環境舒適，也為居住者帶來活力與健康，更是有利人緣、桃花的好風水；反之，缺乏陽光的住處不但環境幽暗不明朗，往往也陰氣過重，容易導致家宅不寧，居住者虛弱多病、心情抑鬱，沒有意願參與社交活動、不愛與人來往。因此，住宅的採光與運勢息息相關。

環境空氣的好壞也同樣重要。陽宅風水將肉眼不可視的空氣以「風」來形容：居住環境中若能時時有微風徐徐吹拂，代表空氣流通無礙，舒爽宜人；如果風勢太過緩慢，空氣凝滯不通，壞的出不去、好的進不來，好運就會被拒於門外；倘若風勢強勁，同樣不宜選購，風水講求的「藏風聚氣」，除了要有風，也要能夠將風匯聚起來，若風勢太急無法凝聚，好運也會留不住。

2. 地勢平坦，可避免感情不睦

從風水角度來看，建於平坦地區的房屋較為平穩，不用特別擔心順向坡與逆向坡的水土問題，出入也較為輕鬆方便；蓋在斜坡上的房屋則有較多凶險，因此購買時要多加小心，尤其房屋大門如果正對著陡坡，最好不要選作長期居住之處。因為陡下的斜坡路挾有強勁的煞氣，容易造成漏財、感情不睦等問題，也容易引發血光之災。

3. 背後有靠，處處有人罩

「我家門前有小河，後面有山坡。」這首兒歌不只是唱出山明水秀的景象，其實也是安身立命的最佳風水。所謂依山傍水，若有朗朗青峰做依靠，就像是有靠背一樣，不但舒適，也很有安全感，做起事來沒有後顧之憂，臨近水源也使生活更便利。

不過都市裡不但寸土寸金，也很少房屋後有山前有河，大部分都缺乏天然靠山，如果不想往郊區尋覓房屋，有個折衷的辦法：前有馬路、後有高樓，也算另一種山與河，背後還是有依靠。背後有靠的風水同時也促進貴人運，透過貴人的幫扶，感情更容易有好結果。

反之，如果居住的樓房前後左右都不靠近山或其他大樓，在平房區裡拔地而起，或是與其他大樓距離很遠無法相互依靠，在風水學說裡常以「一樓獨高人孤傲」來形容，即犯了「**孤峰煞**」，與風水所追求的和諧與中庸背道而馳。受這種煞氣影響的樓房，越高處的居住者越容易因沒有靠山而惴惴不安、覺得受到孤立，漸漸與朋友疏遠，得不到扶助，與伴侶、子女聚少離多，對感情、事業、經濟、社會都缺乏安全感，也有子女不孝的感慨。

4. 格局方正，家運昌盛

住宅環境寬闊或狹窄，也會影響居住者的心胸。如果家宅格局方正寬大，則家運興旺、運氣平穩；住屋正面視野遼闊，住在裡面的人心胸自然也會跟著寬廣起來，待人接物越顯圓融，前途當然更加光明。

如果室內的格局能規畫方正，沒有凸出或缺角，那麼與家庭息息相關的八大要素：錢財、名聲、婚姻、子孫、人際關係、事業、智慧、健康，各自圓滿沒有偏廢，家運也就四平八穩、平平順順。如果代表某項要素的方位有破損或缺陷，相關的運勢就會變得頹靡，例如家中的西南方位格局不方正，就容易影響婚姻與愛情，讓姻緣跟那個空間一樣有缺憾；而將西南方重整得方正明亮，姻緣運勢也就會跟著好轉。

5. 坪數適中，最利於感情經營

房屋大小與家中人口的比例，是個有點模糊卻馬虎不得的議題。如果小小的房子裡住了太多人，除了擁擠、不自在，也較難保有個人隱私；反之，屋子大、人口少的話，家中氣場顯得空虛零散，感情當然就熱絡不起來，像一盤散沙，難以凝聚。

因此，坪數選擇適中就好，不需堅持大坪數、兩廳四房等條件，以免

空間太過寬闊，反而讓家裡空空洞洞的。以小倆口的愛巢為例，建議挑選二十到三十坪左右的屋子，不會沒有喘息的空間，也不會太過疏離，最有利感情的發展與維繫。

◎屋宅方位對應人生運勢：

方位	運勢	六親	八卦
西北	人際關係	父親	乾卦
正北	事業	中子	坎卦
東北	教育知識	少子	艮卦
正東	家庭與健康	長子	震卦
東南	經濟與財運	長女	巽卦
正南	認知與名譽	中女	離卦
西南	婚姻與愛情	母親	坤卦
正西	小孩	少女	兌卦

2. 屋內格局風水重點 ——
增進情感及創造好姻緣的 47 個布置原則

　　除了注意外部格局，更要重視屋內的風水格局，甚至在選屋時就要好好留意。想要擁有好的戀愛風水格局，就必須懂得運用風水，為自己營造好氣場，招來好運。

　　陽宅學講究的是人居住的環境，除了要重視住所裡動線的流暢和方便外，也要符合科學與人性，一般來說，安排居住空間時，會考慮房間大小、明廳、暗房，也就是說客廳要明亮、要大，房間可以稍微暗一點、小一點。因為客廳是一家人起居生活的互動場所，若寬敞明亮，可以讓家中每個成員感覺舒適愉快；相對地，如果客廳很昏暗或太狹小，又放了很多雜物，就會破壞好風水。

選屋時要留意風水格局，有助於桃花運的開展。（圖片提供：摩登雅舍室內設計）

　　至於臥室部分也有一番學問，例如不宜睡在窗子底下，也不適合睡在梁下面；前者容易引起身體不適，後者則容易有精神衰弱或失眠的狀況，這些都要避免。另外，想要擁有好的戀愛風水格局，保持屋內整潔乾淨絕對是首要之務。藉由風水的改變來轉化自己的磁場及意念，運氣也會跟著變好。

渴望擁有一段春風得意的好戀情，不妨參考下列好運風水原則來調整居家環境，一定能改善你的運勢。

① 玄關風水重點

玄關是居家環境的重要通道，用來區隔室內與室外空間，也是轉換氣場的緩衝空間，關係著對外的人際往來是否和諧，以及對內的家庭氣氛和樂與否，而家中玄關規畫得好，能幫你招來好人緣。

玄關適中，好運留得住

玄關的大小最好依房屋坪數而定，房子的坪數越大，玄關最好也寬大一點，不僅看起來氣派，也能留住好運。不過現代人居家空間有限，不一定有充足的空間來打造大小適宜的玄關，但如果玄關太小，會讓好運有所侷限，玄關太大，又容易讓人氣流失，所以大小適宜的玄關很重要。有足夠的空間讓氣場流通，才能帶來桃花好運。

擁有大小適中的玄關，有助於轉換氣場。（圖片提供：境庭室內設計）

乾淨整潔，感情和諧

一回到家裡，有些人會立刻把鞋子、衣物亂丟一通，讓屋內看起來凌亂不堪，行走起來也不方便，別小看這個行為，這可是會破壞你的桃花人緣好運。

玄關象徵對內、對外的人際關係，乾淨整潔代表人際和諧圓融，更讓爛桃花、口舌紛爭通通遠離。因此，保持玄關的整潔很重要，除了定時打掃，也可放置一些散發香氣的迷人花朵，讓好人緣隨著香氣而來。

喜迴旋、忌直沖

　　住宅最忌諱一開門就能看見後陽台或房門，這樣會讓財氣外洩，形成無法藏風納氣的風水。因此，若是家中沒有玄關，可以在大門處設置矮櫃、屏風來區隔，緩和內外氣場，輕鬆化解家中的「**穿堂煞**」。家中有規畫玄關空間，不僅能保有屋主隱私，更能將旺氣與財氣都匯聚於客廳，為全家帶來好運。

玄關明亮，照亮人際關係

　　打造一個溫暖明亮的居家環境，看起來溫馨舒適，心情也會跟著開朗起來。我們每天出入都會經過玄關，試想，如果看到一片昏暗，你的感受會如何？也許你可以試著在玄關處留一盞小燈，隨時保持明亮有助於增強貴人好運，讓小人、小三不易來找碴，感情發展更順利；而在燈光的選擇上可以使用象徵財富的黃色暖光，既柔和又能照亮屋主的財路。

讓玄關明亮，可以加強人緣。
（圖片提供：境庭室內設計）

② 客廳風水重點

　　客廳的風水布局對整個家而言至關重要，我們常以客廳做為全家聚會聊天的空間，還會在此接待客人，是匯聚人氣的重要場所，關係著全家人的整體運勢與家人間的和睦相處。所以，把客廳布置得宜，有助於提升家運，凝聚全家的向心力，更為居住者帶來好運，人緣和桃花自然會越來越旺盛。

格局方正，運途平順

　　客廳的格局與財運、貴人運、感情運息息相關，原則上以正方形或長

方形為佳，形狀方正象徵屋主行事光明磊落，容易得到貴人提拔。如果是橫向寬直向淺，象徵屋主人脈廣闊卻不易聚財；橫向窄直向深，則象徵屋主財祿豐收卻不善交際，這類型的格局，可以在過窄處利用鏡子或掛畫來彌補空間的不足，營造空間延伸的效果，讓客廳看起來更寬廣，運途更加平坦順遂。

方正的客廳格局，有助於各方面運勢的提升。
（圖片提供：境庭室內設計）

桌椅擺設流暢，避免沖煞形成

客廳的家具擺設間接影響到全家運勢，因此在置放桌椅時要避免放在屋梁下，因為人長期坐在屋梁下，精神容易緊張，較難做出正確的判斷，以致運勢不順。如果想化解，可以利用裝潢來修飾屋梁。至於客廳座位的安排，屋主位應靠近屋內、居中靠牆，可以由內而外看到所有的客人，方便掌握整個客廳的動線。而且主人的座位可以比客人的座位略高一些，並空出流暢的走道，象徵與家人間溝通無礙、互動良好，與同事、主管間相處融洽，更容易獲得貴人相助。

柔和的線條，帶來人際和合

在居家風水中，客廳格局要避免有過多的尖角，否則人際關係易有摩擦，容易與他人發生口角爭執；天花板不宜凹凸不平、地板不宜高低落差太大，否則家運會跟著起伏不定，對愛情桃花危害不小。如果家中有凸起的屋角，可放置盆栽或家具來遮擋，不僅看起來美觀，更能減少尖角對客廳風水的不良影響。

光亮整潔，桃花運佳

良好的客廳風水要有充足的採光，並保持室內空氣流通，自然能營造出聚氣納財的風水格局，招來光明正向的美好前景與桃花好運。若客廳沒

有通風的門窗，再加上光線不佳、凌亂不整齊，長期下來會對心理和精神造成負面影響，性格容易變得陰沉固執，遇到問題不知變通，久而久之，人際關係也會疏離，所以別小看採光通風的重要性。若可以在客廳較昏暗的角落設置一盞經常開啟的燈，來彌補採光的不足，更能照亮貴人好運。

陽台井然有序，前途不受限

客廳的設計上最好有寬廣的前陽台，因為陽台是家中最靠近陽光的地方，也是接收陽氣之處。陽台若是雜亂不堪，又到處堆滿雜物，使得出入不便，意味著屋主前程處處受限，不易得到外來助力，凡事都得要靠自己，是勞心費力的風水格局。除了對風水格局有負面影響，凌亂的陽台也會讓訪客觀感不佳，遇到突發的緊急事件，過多的雜物也會拖延到逃生時間，造成意想不到的嚴重後果，所以定時清理陽台也是保持好運的祕訣。

陽台是吸收陽氣之處，一定要整理乾淨。（圖片提供：境庭室內設計）

③ 臥室風水重點

臥室的風水布局與桃花運、婚姻家庭運有著密不可分的關係，規畫出完善的臥室風水，能讓疲憊的身心得以休息，更讓整個家庭和樂、婚姻幸福美滿。首先，臥房要散發寧靜祥和的氛圍，而且不能存有煞氣，才能營造適合休息與睡眠的放鬆空間，讓居住者能安心入眠，自然就有飽滿元氣，招來財富和好運。

整潔芳香為好運的關鍵

臥室的風水關係著感情的好壞，更象徵女主人在家中的地位和財富，想要讓家中運勢更旺，就不可以忽略這個幸福空間。如果房間堆滿雜物沒有定時整理，氣場不流通，感情也容易生變。臥房中的衣櫃、儲藏櫃也要定時清理，不穿的衣服不要塞在衣櫃裡，將衣櫃空出來，才有空間添置新衣服。就如同感情要留給彼此空間，才能走得長遠，如果堆滿了衣物，也意味著感情難有突破空間，所以應定時整理不穿的衣物，感情發展才會順利。

想要有好的桃花運，必須要有個乾淨整潔的臥室。（圖片提供：摩登雅舍室內設計）

此外，很多人一回到家習慣將衣物、雜物亂丟在地板上、床上，這些就像感情上的障礙物，會間接阻礙戀情的發展，也容易造成口角爭執與被拋棄的情況。而維持室內芳香對桃花運也有正面的幫助，可以在臥房擺放一束喜歡的花朵做為居家裝飾，看了心情也會變美麗，或是點上芳香精油，讓自己沉浸在迷人的香氣裡，為日常生活增添浪漫氣氛，以招來好人緣與正桃花。

充足的光線與氣場，營造好桃花

臥房的自然採光很重要，最好能設置對外流通的窗戶，一來可以讓陽光透進來，將汙穢的氣散去，再來氣場流通，好運才會降臨。不過在窗戶的設置上，可不是越多越好，過多的窗戶，反而會引煞入室，生活較容易緊張。如果家中的窗戶過多，可以裝設材質略厚的窗簾來阻擋光線，不僅有裝飾的效果，還能保有居家隱私，讓你每天都睡在恬靜舒適的空間裡，

擁有粉嫩好氣色，桃花自然朵朵開。

柔美溫馨的布置，化解暴戾之氣

　　將臥室布置得優雅舒適，不僅可以讓身心放鬆，還能增強戀愛磁場，減少與伴侶間的口角爭執。而在臥房的布局上，可以選用淺色系的配色，使居住者心情安定，夫妻間感情更穩固；在燈光的選擇上，建議以黃光為主，溫暖柔和的光線看起來不刺眼，還多了一份浪漫情懷，讓你與伴侶間的感情更加溫。

　　此外，很多人會在臥房內擺設畫作或照片，選擇上應以兩人的甜蜜合照為主，或是象徵天作之合的圖畫，可加強戀愛好運；過於突兀的圖案則盡量避免，因為容易產生暴戾之氣，相處上紛爭較多。

安穩舒適的睡床，好眠又好運

　　睡床擺放的位置應避開梁柱，若長期在梁柱下睡覺會使人容易緊張、睡不好，在感情上也比較不信任對方，相處時容易起爭執。擺放床鋪時，床頭也不宜背對房門和窗戶，要在門一打開的視線範圍內，人會比較有安全感，也不必擔心第三者趁虛而入。

　　再者，床鋪要和地板保持適當距離，可以運用床座或床架，遠離地氣直襲。如果床底有多餘的空間，不可堆積雜物，要保持乾淨整齊，讓空氣流通，這樣睡起來更安穩舒適，也會帶來好運。

天花板宜平整，感情才能平順

　　有些人為了追求特殊設計，將臥房的天花板裝修成尖角造型，或是在天花板上懸掛燈飾，看起來有層次感，雖然外型酷炫，但容易形成煞氣，間接阻礙感情的發展。若長期睡在凹凸不平、深色的天花板下，容易產生壓迫感，心情會感到莫名的焦慮而難以入眠，感情運勢易有波折。

　　如果家中有上述的風水格局，可以懸掛漂亮的帷幔來遮蔽不平處，或是釘天花板來修補；如果顏色太深，可以改漆成淺色系，讓空間看起來明亮、有活力。

梳妝台是桃花重地

梳妝台是每個女人的
專屬空間，不僅代表容貌
與德性，更象徵女主人的
財庫，因此，讓梳妝台維
持乾淨整潔，就是注重自
己的門面與財富。此外，
擺放梳妝台時要選擇靠牆
的位置，感情上才會有依
靠，不容易被第三者介
入，賺來的錢也比較守得
住，財富越來越豐厚。

臥室可增添乾淨整潔的梳妝台，有利於感情的維繫。（圖片提供：境庭室內設計）

大部分的梳妝台都附有鏡子，因此在擺放上要避開房門、睡床，千萬
不可對沖，否則會讓你在感情上缺乏安全感，時常疑神疑鬼，愛得忐忑不
安。若無法避開方位上對沖，睡覺時可以用塊布遮住鏡子，以避免沖煞。
布置梳妝台時可以用點巧思，擺設一盞柔和的黃色檯燈和美麗的開運飾
品，再點上喜愛的香氛精油來營造浪漫的氣氛，有助於增強桃花運與財運。

房門對沖，異性緣弱

臥房是每天休息的隱密空間，如果一開門就看見床，屬於不佳的風水
格局。試想，如果一探門就能看見你睡了沒，是否少了隱私及安全感？再
者，長期居住在這樣空間裡，人會變得有點
神經質，喜歡自尋煩惱，心境上比較封閉，
面對感情的態度也較為悲觀，愁眉苦臉的樣
子讓異性不敢親近，異性緣薄弱，戀情難以
開花結果。

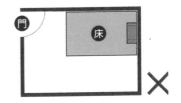

廁所衝床，戀曲堪憂

　　現代人家中臥房內常設有衛浴設備，但床最好不要面對廁所門，因為就風水來說，不是好的格局設計。廁所是排放穢物的地方，聚集了很多穢氣，這些濁氣在臥房內流通，有害身體健康，久了，也容易造成被動的性格，遇事優柔寡斷；在愛情裡常處於弱勢，不敢爭取幸福，以致錯過愛情。

　　可用屏風隔開或掛上門簾阻擋穢氣，或是隨手關上廁所門。

床頭鄰竈，脾氣火爆

　　臥房和廚房盡量不要相鄰，床頭對過去不能是爐灶，因為廚房是烹飪的地方，經常開火煮飯，火氣帶來的燥熱感會影響精神狀況，在隔壁待久了，性格也會變得比較暴躁，處理事情缺乏耐心，給人留下不佳的印象。與伴侶相處時，脾氣也很火爆，行事衝動，常常一言不合就起口角。

　　調整床的方位，若無法更動，可擺設藍色飾品於床頭，因為藍色在五行中屬水，可以化解火過旺的燥氣。

床尾對電視，戀情受干擾

　　很多人喜歡在臥房內擺放電視，方便舒適地躺在床上觀看，享受休閒時光。不過這樣會破壞臥房風水，房間裡放置太多電器，過多的電磁波會干擾居家磁場，讓氣場

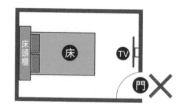

混亂，長期下來，談感情容易遇到麻煩事，被各種紛爭困擾。

電視機在五行中屬火，因此可找一塊藍色、白色或金色的布來遮擋，或是將床單換成這些顏色，來剋洩火形成的煞氣。當然，不在臥房內擺設電器用品，就能避掉這些困擾。

擺放空瓶，桃花劫重

很多人喜歡蒐集漂亮的空瓶，擺在家中看起來心情愉悅，有些人也以為這樣可以招來桃花，但其實美麗的空瓶招來的可能是爛桃花，因為就風水的角度來看，空花瓶藏有煞氣，「空」更意味著感情一場空，容易遇到愛情騙子，以致被騙財又騙色。

在自己的桃花方位，懸掛有花朵圖案的畫作，或是在空瓶內插入真花，用適量的花朵來提升桃花好運，招來好情人。

床不靠窗，戀情加分

窗戶是室內與室外連接的橋梁，臥房中有了窗戶，空氣互相流通，心胸也比較寬廣、有度量。窗戶更象徵著感情，在很多愛情故事裡，常看見男女主角在窗邊互訴情衷、許下誓言的浪漫情景。

因此在風水布局上，要注意以下幾點：首先，擺放床時盡量不要

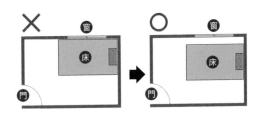

靠窗，要留個小走道，方便左右兩側走動；再者，床頭不要對著窗，否則
睡覺時容易受到外面磁場的干擾，影響夜間睡眠品質，長期下來，戀情也
容易出現矛盾。

將床與窗擺成平行方位為佳，或是加裝窗簾，睡前記得拉上，隔絕外
面的穢氣。

梁不壓頭，減少猜忌

睡在梁柱下，一睜開眼睛就感受到天花板
高低差帶來的壓迫感，睡起來感覺沉重，久了
也容易有頭痛的情況。除了影響健康，在感情
上也容易胡思亂想、猜忌對方，引起不必要的
爭吵，或是被爛桃花纏身，破壞雙方感情和家
庭關係。

在床前擺設床頭櫃，避開梁柱直接壓頭的格局，提升睡眠品質與守護
愛情好運。

床對落地窗，人愛往外跑

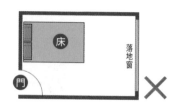

在臥房內裝設落地窗，會讓人在家
中待不住，喜歡外出，若是落地窗正對
著床，更容易天天往外跑，在外面拈花
惹草的機會也跟著變多。另外，談感情

時不容易定下來，常有往外尋求新鮮刺激的念頭，以致身邊伴侶換來換去。

加裝落地窗窗簾，睡覺時拉上，或是在落地窗正對面的牆壁上，懸掛成雙成對的畫作，以求戀情穩定。

房選方正，愛情更順

臥房的格局與桃花運息息相關，格局偏正方形，有助於戀情穩健發展；在愛情裡能維持恰到好處的平衡，不必遷就對方的喜好，可以自在地做自己，愛得輕鬆又快樂。相反的，如果臥房格局為狹長型，那麼雙方都缺乏耐心，溝通上易出現障礙，導致爭執不斷。

在選擇臥房時，應以格局方正且位於自己桃花方位的空間為首要條件。如果格局不方正，可以在缺角處裝設鏡子或簾子，讓整體看起來方正。

床墊過軟，不切實際

床墊不是越軟越好，過軟的床墊無法支撐腰背，會對健康造成危害；就風水的觀點來看，長期睡在過軟的床墊上，會讓人變得不切實際，總把事情想得太簡單，也常把愛情幻想得太美好，一遇到困難就想放棄，戀情很難長久。而過多浪漫的幻想，也容易引起是非，讓感情受到干擾。

選擇軟硬適中的床墊為佳，而床單色系可以選用粉紅色、粉藍色，催旺你的桃花運。

尖銳物多，口角也多

在臥房內擺設開運飾品，有助催旺桃花運，不過若是擺錯裝飾物，可是會造成反效果。因此，在布置臥房時，應避免擺放尖銳或三角形狀的物品，才能避免煞氣進門，替愛情招來不必要的麻煩，而且與異性相處時容易起爭執，不利感情發展。

將尖銳物品收納在櫃子裡，改成擺放圓形裝飾品，象徵愛情幸福圓滿。

床後有靠，愛情穩當

床鋪是忙碌完一天後提供休息和睡覺的地方，也是和伴侶談心說愛的空間，因此，床對感情運的影響至關重要。挑選床組時，以有床頭櫃的為首選。擺放時盡量靠牆壁，代表背後有靠山，在感情中找到能依靠、信任的對象，感情能長久穩定地發展；相反的，如果背後無靠，感情不穩，易有波折。

搬動床位，讓床頭靠牆壁，而且最好和有窗戶的那面牆保持距離。

床的擺放位置要倚靠著牆，感情會更穩定。（圖片提供：摩登雅舍室內設計）

床底空淨，感情清淨

很多人會利用床底的空間，來收納不常使用的物品，雖然能節省居家空間，不過將物品放在床底容易堆積灰塵，久了也會遺忘，讓床底變成雜物間。從風水的角度來看，這些雜物會產生不乾淨的穢氣，間接阻礙桃花好運，加上床底空氣不流通，會和伴侶溝通有障礙，感情出現問題。

將雜物收到儲藏室，若是空間不夠必須放在床底，請用流蘇或大波浪床單來遮蔽。

花俏家飾，移情別戀

有些人會在臥房中裝飾華麗的吊燈或吊扇，讓房間看起來氣派一點，不過若是懸掛太花俏的家飾，會讓另一半喜歡追求新鮮感，對待感情不夠專一。如果想要戀情穩定長久，在家飾的選擇上要以樸素、耐看為主，感情才不會受到外面花花世界的影響。

床鋪正上方的天花板，不要懸掛燈飾以外的家飾，也不要選擇太華麗或花俏的飾品。

鏡子對床，心慌意亂

臥房內的梳妝台大多附有鏡子，或是很多女生會擺放全身鏡，以便整理服裝儀容。在擺放鏡子時，應避免直對床鋪，否則一翻身就感受到光線的折射，會讓人睡得不安寧，也容易自己嚇自己。從風水角度來看，鏡子

正對著床，會讓自己對感情失去信心，戀情也容易遇到波折。

將鏡子用一塊布蓋住或是用裝飾品擋住，不過最好還是選擇活動式的鏡子，才可隨時關上。

臥室明亮，感情和睦

　　臥房屬私人空間，需保有一些隱私，但也不能太過封閉或昏暗，要讓房內能接收到屋外的陽光，或是開盞小燈保持亮度。若臥房長期處在陰暗的狀態，會讓夫妻之間有隔閡，不願意互相包容對方，各過各的生活。

選擇主臥房時，要以有窗戶為首選，讓屋內可接受到陽光，並搭配外型柔和的燈飾；若是房內無窗，可懸掛開窗的圖畫來代替。

床選圓形，婚姻動盪

　　挑選一張舒適的好床，睡起來柔軟舒適，身心放鬆。從風水的角度來看，床鋪最好以傳統的四方形為佳，若是選用圓形或特殊造型的床，會讓夫妻之間缺少信任，常常擔心對方是否移情別戀，愛得不安心。另外，也容易招惹爛桃花纏身，破壞兩人間的感情，夫妻關係岌岌可危。

找伴侶一起去挑選床鋪，以正方形或長方形為主，讓感情更甜蜜幸福。

大時鐘讓人心不安

在臥房內擺放時鐘，方便掌握時間，養成守時的好習慣。不過，時鐘的體積不宜過大，否則會造成壓迫感，讓人不自覺地一直盯著時間看，注意力變得不集中，整個人靜不下來。過大的鐘也會讓伴侶間互相懷疑、不信任，容易導致感情破裂，關係漸行漸遠。

不當掛畫讓感情下滑

在臥房內懸掛畫作，可以營造出浪漫溫馨的氛圍，但是大幅的婚紗照就不適合掛在床頭牆壁上，因為在睡覺時，整個人是背對照片，象徵愛情看不到未來，不如改放幸運草相框在床旁邊，增進感情。

臥房養魚讓愛情不定

將魚缸擺放在主臥室內，看著魚游來游去，容易使人心神不定，間接影響戀情發展，也會讓夫妻之間常起爭執，雙方都不願意先向對方低頭。所以養魚最好養在客廳，避免破壞感情運；再者，水為財，可以用養魚來招財，並且將魚缸放在客廳財位處，不但不會影響感情，還能增添財氣。

假花假草讓感情虛假

很多人喜歡在室內種植花草，讓家中看起來賞心悅目，不過真花真草需要用心照顧，不是每個人都有時間，所以部分人會用假花假草來替代，既美麗又不需要花時間照顧。不過，從風水的角度而論，假花假草沒有生命力，會讓感情生活缺少熱情與活力，尤其是單身的男女，容易招來虛情假意的對象，至於有對象者，則會讓彼此抱持著騎驢找馬的心態交往，容易招來第三者破壞感情。

雜物多會讓愛情受阻

一般而言，家中臥房空間有限，長時間居住下來，擺放的物品可能越積越多，多到占據了臥房的空間，讓休息的地方變得狹隘。而且在臥房擺

放過多雜物，不但容易生灰塵，也會讓氣流不順暢，阻礙愛情好運。因此臥房中的雜物最好定期整理，不常用到的物品可以放到收納盒裡，也要定時清理垃圾，才能讓愛情常保新鮮。

④ 廚房風水重點

俗話說：「想抓住男人的心，就要先抓住他的胃。」由此可見廚房的風水關係著全家人的食祿、健康、財運，更影響女主人的愛情運。廚房是烹調食物的地方，比其他空間潮濕陰暗，更容易產生油汙，所以在布置上要花更多心力，否則濕氣過重會導致運勢低落，不可不慎！其實，只要稍微調整廚房格局配置，就能打造一個良好的廚房風水，為全家大小帶來健康及財富，也為女主人招來好桃花。

廚房保持乾爽明亮，會帶來好桃花。（圖片提供：摩登雅舍室內設計）

廚房乾爽潔淨，感情沒煩惱

廚房是做菜的地方，難免濕氣比較重，容易孳生細菌，而烹調食物又會產生許多果皮、菜渣，容易引來蟑螂等小動物覓食，所以使用完流理台要立刻清理，並保持乾爽，看起來心情愉悅，食物吃起來也會相對美味。

如果廚房過於髒亂，東西用完就隨意擺放，不僅容易找不到，還可能造成意外傷害，嚴重時還會形成煞氣，危害健康。因此，家中刀具要收納在櫃子裡或隱形刀架上，看起來美觀，使用起來也方便。記得每次使用完畢，要保持廚房的乾淨整潔，如果碗盤經常堆積不勤收拾，會讓感情像堆滿髒汙的廚房，有一堆爛帳等著你處理。

避免爐灶對沖，愛得好輕鬆

家中的爐灶擺設應和整個房屋的坐向相同，若是相反，則形成「背宅

反向」的格局，會導致全家人感情不睦，夫妻間容易同床異夢。如果爐灶後方有窗戶或背後無牆可靠，容易招風而使火苗不穩，意味著家庭容易失和，在感情上會有溝通不良的情況發生。如果爐灶剛好在橫梁下，對家裡運勢會有不良影響，危害到健康、財運，在愛情上也會出現阻礙，愛得不自由。以上幾點要注意，若是無法改變爐灶的位置，可以用紅繩將兩個葫蘆懸掛在梁上，幫助化解煞氣。

除了爐灶的擺放位置外，廚房門與大門亦不可相對，在風水中「開門見灶」是忌諱，有損財富及健康，對感情也不利；若是站在大門口，一眼就能看到爐灶，也會影響運勢，應設置屏風來阻隔，家運才會平順。

不與廁所相鄰，桃花朵朵開

家中廚房不可與廁所相鄰，否則會有水火相沖的問題，而且食物太靠近廁所，容易沾染穢氣，影響用餐心情，更為健康帶來隱憂。因此，要多加強廚房、廁所對外的通風，並隨時保持乾燥。使用完畢後隨手將門關上，或是加裝門簾，以阻隔不好的氣場進入，讓桃花運不受到干擾。

至於家中瓦斯爐的擺放也有學問，如果放置於水塔下方，或是廁所排水管上方，易產生從天而降與從下傳來的穢氣，讓桃花不敢靠近。如想解決這類問題，最好將瓦斯爐搬至別處，或是裝設向屋頂投射的燈光，以化解煞氣。

⑤ 餐廳風水重點

餐廳是全家人一起用餐的地方，是個溫馨的空間，邊享用美食邊分享生活大小事，時常一起用餐，感情會更融洽。而良好的餐廳風水布局，不但能凝聚全家人的向心力，和睦相處，更能增強桃花好運。

圓形餐桌，感情圓滿

餐桌是整個餐廳的靈魂所在，在選擇上應以圓桌為主，或是桌角呈圓弧形，象徵家庭和樂、家人間團結友愛，感情路能夠圓滿。若是選用方

圓形的餐桌象徵家庭圓滿，亦能促進感情和樂。（圖片提供：境庭室內設計）

形、長方形的餐桌，四周會有尖銳的直角，這時應避開坐在桌角的位置，以防煞氣直沖用餐者，況且尖銳直角也容易傷到人，不適合在家中使用。此外，挑選餐桌椅時，應考量家中成員的身形，不宜太大或太小；桌椅的高度也要配合得宜，用餐才會舒適自在，不會影響到能量吸收。總之，在這些小細節多用點心，全家人用餐氣氛會更輕鬆愉快，也是極佳的開運方法。

點一盞浪漫的愛情燈

餐廳是全家人用餐的場所，若在此方位用心布局，不僅能增進親子關係，更可促進夫妻之間的感情。因此，裝潢上可採用亮色系，搭配明亮的燈光，營造浪漫的氛圍。至於燈飾方面，則可選擇花邊造型的黃燈或吊燈，以增強桃花能量，另外，在此處擺放鮮花或有花香味的蠟燭，就能在家中享受浪漫的燭光氣氛，對感情運有加分的作用。

擺出好運氣，感情不生氣

家中餐廳花點心思擺設，用餐時心情愉悅，也能將好運迎進門，所以可在此掛上象徵圓滿的吉祥畫作，或放置圓葉盆景、水晶擺件等開運物，讓全家人在用餐時，充滿和合的能量。平時別忘了將餐桌上的食物、雜物收拾乾淨，避免孳生細菌害蟲，也能減少感情上的煩惱。

⑥ 浴廁風水重點

浴廁這個小空間，是居家布置中常忽略的地方，不過，這裡可是最容

易產生穢氣的空間，必須好好規畫，才不會造成不良影響。在風水學中，浴廁是藏汙納垢的地方，若能集中在一處當然最好，但這原則放在現代，使用上會造成不便，所以還是掌握好浴廁風水的布局重點，將不利影響降到最低。如此一來，就算是設計不良的浴廁，經過巧手一變，也能將氣場由負轉正。

定期清理浴廁，可以減少感情上的摩擦。（圖片提供：境庭室內設計）

保持乾淨清爽，加速戀情到來

以前的浴廁都設置在屋外，空曠又通風，是很好的風水布局，但現代為了使用方便，且受限於公共空間大小，浴廁大都設置在家中。浴廁是負能量的匯聚場所，若是沒有定時清理，長期下來累積太多汙垢和積水，容易在感情上遇到爛桃花或和伴侶起爭執，所以勤於清掃浴廁、保持乾爽，是增強愛情好運的祕訣。

此外，浴廁也容易產生異味，建議裝設抽風扇來除去穢氣，將煞氣帶來的不良影響降到最低，還能維持浴廁間的空氣清新，使用起來心情也比較好。還有，浴廁常因空間大小的限制，淋浴間和馬桶通常靠得很近，建議做些簡單的間隔處理，像是設置浴簾或透明玻璃板，這樣沐浴時就不會影響到馬桶的使用，也能減少感情上的紛爭，相處溝通更融洽。

善用五行擺飾，帶來好氣場

房子的中心為太極點，最好規畫成寬敞的空間，不宜當做廁所、儲藏室來使用，容易藏汙納垢。另外，少數人家中設有樓梯，若是廁所剛好在樓梯下方，造成穢氣不斷累積，再加上沒窗戶的話，廁所內的濕氣、穢氣無法流通，在屋內四處擴散，易導致夫妻感情不和，財氣也難以積聚，是破財敗運的不良風水。

因此，家中廁所應避免設置在上述場所，如果格局無法更動，至少加

裝抽風設備，以保持乾燥無臭味，或是在廁所內擺放圓葉盆栽，藉由五行中水生木的生剋關係來轉運。另外，在廁所門上懸掛吉祥喜氣的裝飾品，例如：紅色的中國結、福袋、香包等，讓好運常來光顧。

芳香的氣味，贏得好人緣

廁所位置應遠離大門或玄關，避免形成「開門見廁」的格局，若是廁所離大門太近，一進門就聞到臭味，家運會受到干擾，行事不順，感情也失去甜蜜。為了抑制異味擴散，浴廁內可安裝抽風設備，或是在淋浴間加裝浴簾，防止汙水四處飛濺，產生較重的濕氣及穢氣。此外，可在廁所內放置闊葉植物、鹽、方解石來排散穢氣，再加上天然芳香劑，讓屋內更清香；如居住在小套房裡，更要用心維護空間的乾淨和芳香，才能帶來好的桃花及運勢。

春光不外洩，避免爛桃花

廁所門窗應具備隱蔽性，讓人可以安心上廁所，若是容易被人窺探，或是可從自家客廳看到別人家廁所的門窗，會形成春光外洩的格局，容易招致爛桃花纏身。

想化解上述問題，可以點上一盞燈，以維持客廳的陽氣穩定，或者安裝窗簾或霧面玻璃，防止春光外洩。

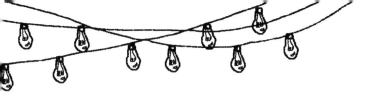

色彩與風水很有關係——

哪些顏色能帶來好運，哪些又該避免？

過年時收到長輩給的「紅包」，象徵收到好運和祝福；參加婚禮時，場地布置也常運用紅色的元素，意味著喜氣洋洋，由此可得知紅色有吉祥、喜氣的意涵。然而在喪禮上，我們穿著白色喪服，用「白包」來表示慰問之意，這些習慣從以前一直沿用到現在。不同的國家，也有不一樣的代表色彩，像是國外的喪禮，大都穿著黑色服裝出席，以表示莊重和嚴肅。

綜合以上例子，可知色彩對我們的重要性，不論在生活、習俗、節慶上都有色彩的融入，更被賦予了獨特的意義。因此，在居家布置上，我們要選用合適的色彩配置來提升運勢，為全家人帶來好心情及好運氣。

家，就是個溫暖小天地，天花板代表「天」，地板代表「地」，而連接天花板和地板的牆壁就如同「人」，天、地、人三者之間若搭配得宜，不但讓心情感到舒適放鬆，對家運也有正面的幫助。接下來介紹幾個搭配重點，以達到最佳的開運風水。

 天花板、地板

選擇天花板的顏色時，盡量以明亮色、淺色系為主，如淺白色就是很好的搭配色，在視覺上給人明亮乾淨的感覺，就像天上的雲朵一般，讓人看了心情放鬆自在，是很耐看的顏色。

就算家中空間不大，刷上白色系的漆，在視覺上能達到放大的效果，讓心胸氣度不受空間狹窄的影響，變得愛斤斤計較；在感情上則能信任對方，願意給彼此一個放鬆的獨立空間，愛得更輕鬆自在。其次，天花板的顏色一定要比地板淺，否則會形成頭重腳輕的壓迫感，長期下來，腦袋容易當機，思慮比較不周全；在面對愛情時不夠理性，脾氣反覆不定，常被負面情緒拖著走，讓情

人無所適從，感情路越走越艱辛。

 牆壁

在居家風水中，牆壁的顏色代表「人」，當天、地、人三者的色彩達到和諧，進而產生互補互助的效果，身心靈就能平衡，運勢也會更加順利。而牆壁顏色的選擇要介於天花板與地板之間，若比天花板深、比地板淺，會是最平衡的狀態。相反的，牆壁顏色若太突兀，會讓居住者喜歡出風頭，行事也比較膽大妄為，經常事後才悔不當初；在愛情裡也喜歡掌控主導權，衍生出很多不必要的爭執。

家中牆面占很大的面積，在顏色上最好選擇同色系為佳，使用過多的色彩，容易讓人腦袋混亂，做事情沒有頭緒；如果不喜歡牆面太單調乏味，想要裝潢獨特一點，建議最多使用兩種顏色就好，而且要特別注意顏色的協調性，如果用色不對稱，戀愛時容易胡思亂想，沒安全感，對另一半不夠信任，愛得患得患失。

以居家風水而言，使用淺色系會帶給人舒適安定的感受，也讓空間多了延伸感。如果想用深色系來裝飾家裡，也不是不行，記得以點綴局部為主，不要整片都是深色的，看久了會有壓迫感，而且就風水而論對運勢不好。

淺色系的居家環境，住在其中會有更安定的感覺。（圖片提供：摩登雅舍室內設計）

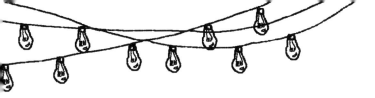

用對顏色能增進異性緣——
顏色的意涵及使用原則

俗話説:「人要衣裝,佛要金裝。」一個人的穿著打扮得體,不僅為形象加分,更能贏得他人的好感與信任。相同的,色彩是房屋的靈魂所在,有了合適的風水顏色,房屋不但看起來有朝氣,整間房子的好運磁場也會提升,為居住者帶來好運。

經科學研究證實,「色彩」能刺激視覺感官,帶來不同的感受;而在風水學中有「彩宜正運」之説,意即運用適當的色彩來強化自身好運,所以,若是懂得將正確的色彩運用在風水上,對運勢會有正面幫助。以下是各種顏色所代表的意義:

 顏色代表的意義

顏色	意義	顏色	意義
黑色	● 神祕、靜寂、沉著	紅色	● 健康、熱情、希望
藍色	● 秀麗、清新、寧靜	粉紅色	● 單純、夢幻、柔和
黃色	● 溫和、光明、富足	紫色	● 高貴、典雅、浪漫
橘色	● 興奮、喜悦、活潑	灰色	● 消極、不安、陰暗
褐色	● 陳舊、平穩、原始	白色	純潔、神聖、簡單
棕色	● 踏實、中立、穩重	銀色	● 時尚、前衛、亮麗
綠色	● 青春、和平、生機	金色	● 光榮、華貴、輝煌

居家布置上應避免使用的顏色

顏色		產生效果
黑色	●	使人做事極端，衝動和不守禮教。
深藍色	●	在無形中生鬱悶之氣，宅內欠安，感情多煩憂。
黃色	●	會使人煩熱不安，讓腦神經意識充滿著幻覺。
橘色	●	充滿生氣，有溫暖的感覺，但是過多的橘色，也會使人心生厭煩。
綠色	●	使人意志漸消沉，眼睛應多接觸綠色，指的是大自然之綠色，而非人為調配的綠色。
紅色	●	雖然喜氣，但整個色彩都採用紅色，容易使人心情暴躁，缺乏耐心。
紫色	●	讓人爛桃花氾濫，對愛情過於幻想而不切實際。

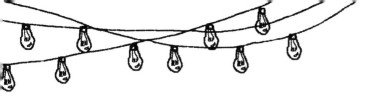

你不可不知的桃花方位——

從出生年分找到你的「吉方位」

　　每位單身男女都渴望桃花早日降臨，身邊有好對象陪伴，享受戀愛帶來的甜蜜滋味。不過有些人期盼很久，卻還是等不到愛情來敲門，就算有了對象，也擔心戀情不長久。其實每個人都有屬於自己的桃花，可以運用家中「吉方位」來布局，讓愛情運更加順利。現在就來了解你的桃花方位在哪裡，打造專屬你的浪漫戀情。

　　每個人的命卦都有四個吉方位和四個凶方位，首先依照你的出生年分來尋找自己的命卦：

　　例如：民國 66（西元 1977 年）年生的男性，為坤卦命，屬西四命。
　　　　　民國 68（西元 1979 年）年生的女性，為震卦命，屬東四命。

附表一　民國年次命卦數

命卦	東四命				西四命			
	坎卦命	離卦命	震卦命	巽卦命	乾卦命	坤卦命	艮卦命	兌卦命
男（民國年次）	25、34 43、52 61、70 79、88 97	26、35 44、53 62、71 80、89 98	23、32 41、50 59、68 77、86 95	22、31 40、49 58、67 76、85 94	20、29 38、47 56、65 74、83 92	21、24、30 33、39、42 48、51、57 60、66、69 75、78、84 87、93、96	27、36、45 54、63、72 81、90、99	28、37 46、55 64、73 82、91 100
女（民國年次）	21、30 39、48 57、66 75、84 93	20、29 38、47 56、65 74、83 92	23、32 41、50 59、68 77、86 95	24、33 42、51 60、69 78、87 96	26、35 44、53 62、71 80、89 98	22、31、40 49、58、67 76、85、94	25、28、34 37、43、46 52、55、61 64、70、73 79、82、88 91、97、100	27、36 45、54 63、72 81、90 99

附表二　西元年次命卦數

命卦	東四命				西四命			
	坎卦命	離卦命	震卦命	巽卦命	乾卦命	坤卦命	艮卦命	兌卦命
男（西元年次）	1936、1945 1954、1963 1972、1981 1990、1999 2008	1937、1946 1955、1964 1973、1982 1991、2000 2009	1934、1943 1952、1961 1970、1979 1988、1997 2006	1933、1942 1951、1960 1969、1978 1987、1996 2005	1931、1940 1949、1958 1967、1976 1985、1994 2003	1932、1935 1941、1944 1950、1953 1959、1962 1968、1971 1977、1980 1986、1989 1995、1998 2004、2007	1938、1947 1956、1965 1974、1983 1992、2001 2010	1939、1948 1957、1966 1975、1984 1993、2002 2011
女（西元年次）	1932、1941 1950、1959 1968、1977 1986、1995 2004	1931、1940 1949、1958 1967、1976 1985、1994 2003	1934、1943 1952、1961 1970、1979 1988、1997 2006	1935、1944 1953、1962 1971、1980 1989、1998 2007	1937、1946 1955、1964 1973、1982 1991、2000 2009	1933、1942 1951、1960 1969、1978 1987、1996 2005	1936、1939 1945、1948 1954、1957 1963、1966 1972、1975 1981、1984 1990、1993 1999、2002 2008、2011	1938、1947 1956、1965 1974、1983 1992、2001 2010

知道自己的命卦後，便可對照下面這張表查出自己的四吉方和四凶方。

各命卦四吉方及四凶方

		東四命				西四命			
		坎卦命	離卦命	震卦命	巽卦命	乾卦命	坤卦命	艮卦命	兌卦命
四吉方	生氣	東南	東	南	北	西	東北	西南	西北
	延年	南	北	東南	東	西南	西北	西	東北
	天醫	東	東南	北	南	東北	西	西北	西南
	伏位	北	南	東	東南	西北	西南	東北	西
四凶方	絕命	西南	西北	西	東北	南	北	東南	東
	五鬼	東北	西	西北	西南	東	東南	北	南
	禍害	西	東北	西南	西北	東南	東	南	北
	六煞	西北	西南	東北	西	北	南	東	東南

各方位代表的意義如下：

四吉方

（一）生氣方

為最佳方位。集財運、事業、桃花於一方，代表著積極樂觀的上進精神，同時也意味著魄力、魅力和活力；此方位最適合發展官祿名聲及旺財添丁。

（二）延年方

延年方是放鬆身體與放寬心態的方位，可以延年益壽，增進人際關係，也是開拓人緣的方位，對於增強異性緣，提高約會、相親的成功率都有助益，更能促進美滿姻緣與家庭和諧。

（三）天醫方

知識卓越的方位，是智慧的象徵，可讓精神飽滿、腦袋靈活，並且能培養孝順的觀念，使長幼有序、家庭和睦；希望考試得高分、升遷順暢，並獲得長輩、主管或貴人賞識提拔的人，可以多加利用此方位。

（四）伏位方

伏位方是循規蹈矩的方位，象徵順從的美德，若希望家中小孩聽話，就讓他們睡在伏位方，相同的道理，希望另一半乖乖聽話，不在外頭拈花惹草，更要善用伏位方。

四凶方

（一）絕命方

絕命方容易使人胡思亂想，遇到事情喜歡鑽牛角尖，常被自己的思想和情緒給困住。因此在居家風水布局上，要避開此方，找尋良好的方位，不但可以幫助自己，還能間接幫到他人，功德無量。

（二）五鬼方

五鬼方代表一種惡性競爭、明爭暗鬥，並不是好的方位，這種情緒不穩定、臨時起意下燃起的競爭心，大都沒經過深思熟慮，屬於不成熟且幼稚的行為。如要避免血光之災、意外事故、破財的情況發生，就要避開此方位。

（三）禍害方

禍害方會讓人不由自主地懷疑、忌妒他人，長期處於這種狀態下，人也會越來越沒有自信；再者，過多的不信任也會造成夫妻間感情失和、家庭關係疏離、人際往來不順利，甚至容易變得神經兮兮，一點小事就情緒暴走。

（四）六煞方

六煞方會使人喜歡胡思亂想，常懷疑鬼神的存在，而且都是往壞的方向想，這種性格的人遇到問題時容易判斷錯誤，導致事情失敗告終，在家庭、人際關係上也很難建立互信關係。

了解自己的吉凶方位後，便可針對這些方位布局，讓愛情運變得更好。此外，要特別留意「生氣方」和「延年方」，在這兩個方位精心擺設，可以求得桃花好運；若能挑選合適的開運物品，擺放在此方位，對愛情有正面助益。

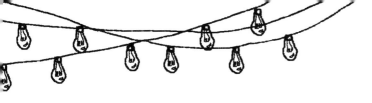

善用屬於你的開運植栽——
興旺植物及化煞植物

🌸 專屬你的開運植物

　　日常生活中，隨處可發現花草樹木的蹤影，不僅為生活空間增添活力，也能提升空氣品質，讓人感到舒適放鬆。但你或許不知道，在環境中擺放植物除了賞心悅目，還能化煞轉運，是簡單又不需花大錢的開運方法。現在就來介紹植物和居家風水的關聯。

🌸 十二生肖的開運植物

　　世界上的植物種類多到數不清，在選擇時到底要以什麼為標準，哪些才是適合你的開運植栽？以下表格是以五行為根據，算出專屬於你的開運植物：

生肖	五行屬性	開運植物
鼠	五行屬水	藍玫瑰
牛	五行屬土	太陽花
虎	五行屬木	竹葉青
兔	五行屬木	黃金葛
龍	五行屬土	瑪格麗特
蛇	五行屬火	康乃馨
馬	五行屬火	牡丹花
羊	五行屬土	桂花
猴	五行屬金	百合花
雞	五行屬金	海芋
狗	五行屬土	跳舞蘭
豬	五行屬水	鬱金香

🌸 居家生旺化煞植物

風水學中，居住地的樹木種類、種植地都會影響家運的好壞，家運好，個人運勢才會好；古書中也曾提到「住宅四畔竹木青翠，運財」，或是「凡樹木向宅吉，背宅凶」，再次印證了植物對風水的重要性。

一般用於風水的植物可分成兩種，有「生旺」的常綠植物和「化煞」的帶刺植物，在家中最旺的方位擺放厚葉片、大葉子的常綠植物，例如：鐵樹、橡樹、萬年青、寬葉榕、發財樹、虎尾藍、富貴竹等，便能起生旺之效，為家宅增添生機及好運。

至於衰位處則要擺放有刺的植物，才能起到風水化煞的作用，像是龍骨、玉麒麟、仙人掌、玫瑰、九重葛等都很適合。不過，無論是擺放生旺或化煞植物，只要放置在室內，都要在植物上綁一條紅線，並且打個結，才能起到轉陰為陽的效果。

以下介紹幾種常見的生旺植物和化煞植物：

🌸 生旺植物

如果居家附近環境優美，沒有相沖或需要化煞的格局，就很適合擺放生旺植物，讓家宅氣場更旺更好。而葉片越厚大、青綠的植物，越能起生旺的作用，像上文提過的萬年青、巴西鐵樹、發財樹、富貴竹，都是很典型的例子。

生旺植物	特性	建議擺放處
萬年青	顏色翠綠，極具強盛生命力，葉子伸展開來，能向外納氣接福，對家居風水有強大的旺氣作用，所以記得萬年青的葉要越大越好，並要保持長青。	玄關、廁所、陽台
鐵樹	又名龍血樹，葉子狹長，有堅強不屈的意涵，能補住宅之氣血，是極佳的生旺植物。	陽台、屋外庭院
棕竹	幹莖較瘦，樹葉狹長，因樹幹似棕櫚，其葉如竹而得名，棕竹放在家中，可保住宅平安。	客廳、陽台
橡膠樹	生長力強且易種植，樹幹直聳挺拔，葉片厚又富光澤，有生氣蓬勃的意涵，可招旺氣。	陽台、門外

發財樹	又稱花生樹,幹莖粗壯,樹葉尖長而蒼翠,耐種而易長,充滿活力朝氣,有不錯的生旺效果。	玄關、飯廳、陽台

🌸 化煞植物

如果居家外圍環境惡劣,鄰近有尖角沖射、直沖街道,或者直對寺廟、醫院及墳場等情形,則需擺放可以化煞的植物。化煞植物其幹莖或花葉有刺,其刺可用來擋煞,有保護居家的效用。

化煞植物	特性	擺放處
仙人掌	民間認為仙人掌有「化煞避邪」作用,所以住宅周圍若有尖角沖煞,就可以在窗外對著尖角的方向擺放仙人掌。	窗外
龍骨	龍骨向上生長,外形獨特,幹莖挺拔,形似直立的龍脊骨,充滿力量,對外煞有強勁的抵擋作用,能對付對面有尖角的物體,如牆角之類,可以化煞於無形。	陽台
玉麒麟	玉麒麟橫向生長,化煞穩重有力,有鎮宅作用;大門若對樓梯,可將其擺放在相沖處,即可達到化煞效果。	門口、陽台
玫瑰	玫瑰雖美但有刺,可點綴裝飾居家空間,又有化煞的功能,特別適合女性朋友們擺放。	陽台、客廳、餐廳
黃金葛	葉子茂密,易於種植,是很好的化煞植物。	陽台、廁所、客廳
桃符	傳說桃樹為五行之精,能制鬼制煞,所以過年便以桃符懸掛在門上。	門口、陽台
柳條	柳樹和桃樹的作用一樣,將柳條插於門戶能化煞驅邪。	門口、陽台

（圖片提供：摩登雅舍室內設計）

第 *3* 章

居家環境化煞補運祕方

1. 化解屋外沖煞，拯救愛情的 22 個妙法

古時人們選擇住處，常以風水為選擇依據來擇地建宅，並且避開各種沖煞，以求家庭、婚姻、事業平順美滿；而現代社會大家為求便利，多半向都市移動，但都市的建物與道路早有規畫，即使自建也無法完全隨心所欲，擁擠的都市裡，外在環境造成的煞氣也更多，挑選住宅就需要多方考量。

家中的格局還能透過重新裝潢來調整，屋外的環境則常常無從下手，這時若能先一步觀察到環境中的沖煞，就能避開風水不佳的房子，或者尋求化解沖煞的方法，避免受到不良風水的影響，趨吉避凶。

化解 tips

以祕法避免環境中的沖煞，將可改變風水，讓愛情運更順遂。

1. 被牆壁角直沖或住宅矮小被夾擊，感情生活易犯小人

從家中的門窗看出去，如果有其他房屋的牆壁夾角對到屋內，那就像一把刀指著屋裡的人一樣，難免讓人覺得不舒服。這樣的沖煞就稱為「**壁刀煞**」。

前壁刀：大門看出去就是壁刀，使家裡戾氣重重，感情不睦，孩子性情容易暴戾，不免逞凶鬥狠惹來官非，也因此常被人指指點點，故而有「牆頭沖門，常被人論」的說法。此外，家中人易好發頸部疾病，以及車禍、

血光等現象，也要小心引來外人倒債、破財消災的問題。

後壁刀、側壁刀：主犯小人。除了財運不旺，也可能被親戚倒債，而且夫妻感情容易被他人介入，較難和睦。

住宅四周都是高樓，唯獨自己住的那棟最矮，被圍困在中間，這就是「**高壓煞**」。這樣的環境單用文字形容，就覺得「壓力山大」了，實際住在其中，更會被壓得喘不過氣來，容易意志消沉，久而久之更顯自卑、封閉，難以獲得貴人的賞識與扶持，家運積弱不振。坐困愁城的孤獨感，更容易在感情上被第三者介入。

化解 tips

1. 壁刀正對的方位不宜設置門窗，若無法避免，可在壁刀沖煞處種植盆栽並常保枝葉繁茂，以減弱煞氣的力度；或可根據問題輕重，安置八卦小凸鏡或山海鎮；在門窗上掛金色的風鈴，也有助轉換不良磁場。
2. 改善高壓煞則要保持客廳明亮，以暢旺家運，可在客廳的角落設置檯燈或立地燈，讓晦暗之氣無所遁形。

2. 屋前不見彎路，愛情不見爛桃花

風水學將道路稱為「虛水」，由於道路對屋宅的影響極大，影響力甚至有可能大過真正的水，所以風水家對於道路與屋宅的關係非常重視。其中，屋前緊鄰的道路、水流、巷弄，若呈現反弓狀，像是一把拿反了、瞄準自己的弓，被稱為「**反弓煞**」，又像一把鐮刀要橫掃房屋，故亦稱為「**鐮刀煞**」。

這樣的環境易帶來車關、血光，意外事故頻傳，也多有家庭不睦、子孫忤逆，甚至人丁出走的問題；對外則常受小人困擾，且缺乏人緣不受長官青睞、部屬亦不忠誠。對感情的影響也不佳，除了容易惹來爛桃花，心思也總是往外跑，使得感情難以長久維繫。

這樣的房子建議至少要有一個玄關或陽台，形成一道看不見的屏障，緩和不良磁場，並將煞氣的傷害減少。

3. 住宅下方為騎樓、車庫，小心感情一場空

位於騎樓、車庫等氣場流動大、人員進出雜亂之處的屋宅，下方空虛不穩定，正是風水上非常忌諱的懸空不實，屬「**踏空煞**」。居家若犯踏空煞，易遭宵小覬覦，居住者精神難以安定，家運也連帶受影響，感情也容易患得患失。

將踏空處做為臥房起居的話，影響更是嚴重，尤其對感情運的衝擊極大，可能因此難以穩定發展，應盡量避免。

在屋宅四周安置寶瓶吊飾。

4. 別跟道路硬碰硬，感情才圓滿

風水上有句話：「一條直路一枝槍」，表示房屋與道路的關係十分重要，當房屋與道路的關係不對，就很容易受到不良影響。

當一條道路直接通到住宅大門，或是以地下道、地下鐵路之類的方式通過住宅，由往來的行人、行車帶來直直穿過房屋的氣流，就被稱為「**穿心煞**」。因行人、車輛而鬆動的氣，除了讓家宅運氣不寧外，也會使財運、感情跟著走下坡，居住者的身體狀況難以安康，甚至容易受血光之災。雖然煞氣的強弱視道路的使用狀況而定，但道路本身也會擾動屋內的氣流，仍難安祥。住戶因此精神較弱，較難抵抗詐騙。

同樣與道路有關的**路沖、巷沖**，則是安宅於死巷末端，或是在 T 字形的路口、被馬路對著，若說穿心煞是被槍穿過了，那路沖、巷沖就是被槍

指著，感覺一樣不好受！如果沖煞是直接正對大門而來，就稱為「**槍煞**」，對到屋子後面或側面則稱為「**暗箭煞**」。大多數的情況下，道路的寬幅越寬或長度越短，則沖煞就越小；反之，若迎面而來的是一條又長又窄的巷子，就真的像一柄長槍架在家門前了。雖有輕重之分，但槍煞與暗箭煞都會使長期居住者精神困頓、宅運不濟，而且感情不睦、易惹血光災禍，也較難聚財。

1. 在沖煞處擺放綠色盆栽，或是設置玄關，可化解穿心煞的氣場。
2. 遭遇槍煞類則要將家中布置得很貴氣，可放置一些金色系的物品，並在門口擺放可化煞的盆栽或山海鎮來鎮宅。

5. 家門打開別面向電梯，好運自然降臨

隨著公寓大樓越蓋越高，電梯的重要性也跟著提升，有的大樓裡不只一組電梯設施，如果設計不良，電梯的出入空間沒有安排好，讓電梯門對到住戶大門，就會形成「**開口煞**」，每每打開家門，就覺得好像要被電梯吃掉了一樣。

住宅若犯開口煞，家中成員容易生病，也有車關、血關等危險，不但大大小小的損傷接連不斷，也因醫藥花費連連破財，家運與感情更容易因此失運。

1. 在門楣上掛八卦圖，便可遏制煞氣。
2. 門檻內可放一張五路財神陣，除了加強鎮煞效果，也可護佑家運。

6. 兩座大廈形成縫，小心感情難安樂

如果屋宅外有兩棟大樓靠得非常近，除了擋住別人屋裡看出去的景色，還在都市中創造出了奇特的「一線天」奇觀，別急著高興，這其實是風水上說的「**天斬煞**」。

從兩棟大廈的縫隙間看見的光，就像一把無形的刀，準備要劈向自己屋內，長期住在這種環境下，刀光劍影每天在眼前來來去去，容易對生活造成壓力，帶來爭執、官非、損丁耗財的問題，呼吸系統顯得脆弱，並且引發血光、高危險疾病，對感情也有許多不良影響，甚至有對簿公堂的可能。

天斬煞也與距離有關，兩棟大樓的夾縫與沖煞的窗戶距離越近，煞氣越險，而且空隙越長越窄則煞氣越凶；遠遠看到的大樓夾縫，影響就不那麼顯著。

安裝窗簾，是化解煞氣的好方式。（圖片提供：摩登雅舍室內設計）

1. 風水上認為「眼不見不為煞」，只要在面對煞位的窗戶上安裝紗簾，便可遮擋天斬煞的煞氣，同時也不破壞採光，陽光仍能照進屋裡。
2. 如果紗簾的阻攔效果不夠，可以再掛個葫蘆收掉煞氣，或者擺放一尊風水寶獅來鎮宅。

7.遠離不潔臭氣，讓感情更甜蜜

　　一時的臭味會影響心情，而長期的臭味更能影響居住品質與身心健康，這種問題在風水上稱為「**味煞**」。例如，公廁、垃圾站、受汙染的河川附近都很容易犯味煞；而住宅內的味煞多半來自廚房和廁所。

　　長期被味煞影響，除了心情不好以外，也會使居住者容易罹患疾病，拖累感情與事業。

　　家中的味煞大多可透過加強灑掃來解決，而外來的味煞，除了督促公家機關處理，在整治完成之前，也可自行透過精油薰香或者擴香瓶，來製造良好的氣味環境。

8.隆隆噪音不曾停，當心感情滿城風雨

　　長期與巨大吵雜聲為伍的環境問題，被稱為「**聲煞**」。有聲煞產生的環境，大都是機場、車站附近，或者高速公路、騎樓旁，住家附近正大興土木的話，也會帶來好一陣子的聲煞；在這些環境下，居住者容易心緒不寧，時時煩亂不安，且難以集中精神，長期處在這種環境之下，不但有損身體健康、消弱聽力，也容易與人產生爭執，吵吵鬧鬧下感情難以美滿。

　　選用隔音材質的門窗，可大幅減少噪音的影響，也別忘了安裝空調系統，以免空氣無法流通。利用擴香瓶、香氛蠟燭等產品，以芳香轉移注意力，更可製造好氣氛。

9. 窗不面對排水管，與另一半關係更良好

　　如爬藤一般遍布建物外牆的水管，或是糾結在一起的電線，遠觀就像一條巨大的蟲趴伏在牆面上，讓人看得心有千千結，尤其當這樣的景象正好就在窗外，有意無意都會看到，造成心裡不舒服，這就是所謂「**蟲煞**」，也叫「**蜈蚣煞**」。

　　注意客廳、廚房的窗戶是否犯了蟲煞，以防感情常起是非口舌、工作不順利，更要留心兒童房，若犯蟲煞，孩子容易罹患腸胃疾病。

　　在沖煞的窗口擺放穩重的雞形擺飾，或者雞的圖像，將雞嘴對準屋外的蟲煞處即可化解。

10. 住宅門窗正對招牌，當心為情破財

　　都市裡形形色色的招牌，都是為了招攬生意而精心設計的，經常無所不用其極地想從建物向馬路延伸出來，以追求「觸及率」。但對於對面住宅而言，這些廣告看板就像一片片的刀刃，一開門窗就如同四面楚歌；如此，雖然一旁的商家開了財源，總是被刀刃對著的住戶卻犯了「**刀煞**」。

　　當住宅犯了刀煞，容易為住戶帶來血光之災，也容易吵吵鬧鬧、感情不睦，甚至為愛破財。

　　在屋內懸掛風鈴、寶瓶吊飾或繪有寶瓶圖樣的畫作。

11. 窗前別正對電線桿，減少情傷機率

電線桿與路燈在現代生活中常見，但高高聳立的樣子，仍教人不舒服；尤其是家中門窗正對的燈桿電桿，就猶如眼中釘、肉中刺一般，惹得居住者心煩意亂。這個問題被稱為**「頂心煞」**，除了讓人心浮氣躁以外，也容易形成軟弱愛哭或暴力好鬥的極端個性，夫妻情侶間總是爭執不斷，或者造成視力受損、常有意外傷害等狀況，必須正視。

1. 利用屏風或者珠簾阻擋視線，即可阻止頂心煞的傷害。
2. 請一尊笑口常開的彌勒佛在家中，可助化解煩躁的氣場。

12. 別讓玻璃反光射進屋內，感情更加穩固

不同於陽光直射，從水面、玻璃等處反射進屋內的光線，多半是閃爍的，常令人覺得刺眼不適，這種情況即是**「反光煞」**。而玻璃帷幕大樓林立的都會中，受反光煞影響的機會更多。

如果住家常被反射光照到，就是犯了反光煞，容易使家庭成員犯血光之災，或經常碰撞受傷；住家西南角若犯反光煞，常被不明光線照射，對感情不利，而且常因對方的虛情假意而受挫，爭執與嫌隙也隨之而起。

容易被反光煞照到的地方，應避免放置床鋪、沙發等家具，也不應放置瓦斯爐。在煞處掛上布簾，便可減少反光的影響。

13. 屋宅鄰近高壓電塔，注意感情運暴起暴落

　　風水認為，房舍周圍環境的磁場會直接影響居住者的身心，以及運勢強弱、人生際遇，因此對氣場、能量的調合非常重視。居家磁場良好，家運自然平平順順，也能趨吉避凶。

　　住家附近如果鄰近高壓電塔、發電廠之類的供電設施，被稱作「**電磁煞**」，不但環境磁場直接受到干擾，居住者的生理、心理狀況也難以保持原有的和諧，常常感到心浮氣躁，不但情緒大起大落，精神也較差；家人同住一堂，當然也難以倖免，容易破財、生病，感情更難順利發展。

　　在家中懸掛鯉魚圖便可鎮火邪；魚躍龍門的好意象，能為家裡帶來好兆頭。

14. 建築物造型不要銳角多邊，容易造成感情鴻溝

　　在擁擠的都會中，建築物間的距離遠比郊區要小得多，周遭建物比較容易形成煞氣；有些大樓為求富麗堂皇或標新立異，在外形上設計了許多銳角，而被這些尖角對到的門窗，就是犯了「**尖角煞**」。

　　住家犯了尖角煞，會大大影響家庭成員的身心健康，常受慢性疾病困擾，跌打損傷的意外事故層出不窮，情緒也因為各種不順遂而暴躁易怒，讓感情大受考驗。

　　在受到沖煞的地方掛個鈴聲清脆的風鈴，可以轉換氣場，弭平裂痕。

15. 住屋右方大樓大興土木，小心感情爭吵度日

站在大門面向外頭，左側稱青龍方，右側則是白虎方，即是風水中常說的「左青龍、右白虎」。當發現住處的白虎方開始大興土木，準備建造大樓、橋梁，或者是有建築物要拆除時，就要小心「**白虎煞**」了。

代表青龍的左邊動土影響不大，但在白虎邊動土，就容易惹來災禍，引發血光、疾病與爭執，或破財、感情不安寧等。

在施工期間，家裡可以經常播放輕音樂，舒緩施工造成的心情影響；在客廳安裝壁燈或擺放立燈，經常開啟，維持比施工場所更明亮的亮度，也能減少白虎煞的影響。

經常開啟小燈，有助於緩解感情上的衝突。（圖片提供：境庭室內設計）

16. 門窗別正對軍營，減少感情紛爭

軍營、警局、監獄等政府機構肅殺之氣較重，如果門窗對到了這些機構，容易犯「**官門煞**」，影響家中運勢，居住者受凝重的氣氛影響，感情發展較為困難，經常有口舌之爭，甚至引來官非。

化解 tips

將百子圖掛在受沖犯的方位，可化解官非小人的影響，並且引入福氣與正能量。

17. 家中大門面向墳場，情路歹走

雖然說熱戀中的情侶「墓仔埔也敢去」，但住家大門或窗戶若面對墓園、殯儀館或屠宰場等與死亡相關的場所，感情就很難好好維繫。

這些場所中又以正對屠宰場的影響最大，因為死於屠宰場內的動物會凝聚成一股強大的靈力聚集在附近，而使這個地區籠罩著陰氣。

這些被陰邪之氣干擾住宅磁場的沖煞稱為「**陰邪煞**」，會使居住者情緒起伏大，身體虛弱易生病，也容易有血光意外的發生，人際關係與感情發展難以順遂。

化解 tips

1. 在沖煞處擺放三尊質地堅實的龍，也可以是一對麒麟或一對貔貅，並且面對煞氣方，以逼退煞氣。
2. 設置窗簾、水晶珠簾及屏風，多幾道防護；時時保持家中明亮，並且經常在家中薰香，可降低煞氣的影響。

18. 家門別正對樓梯，感情常保甜蜜

公寓大樓式住宅的大門如果正對樓梯，稱為「**牽牛煞**」，會牽著家運沿樓梯一層一層往下走，家裡就會像個裂縫的水缸，好運勢如流水般不斷往外流；流空了好運，厄運就會趁虛而入，不但讓家中成員容易生病，更會稀釋掉感情，讓家人、伴侶間的情感不斷淡去，最終人事全非。

1. 大門口應安裝門檻，門內則要有玄關或屏風阻隔，並放置五路財神陣在室內門楣上。
2. 每年在大門口的門檻上安置太白星君鎮宅，或可隨身攜帶太歲福袋。

19. 背靠寸草不生的窮山，感情易無助

　　風水崇尚依山傍水，家宅若臨山而建，有「後靠明山當掌權」之利，能夠獲得有利的靠背，受貴人青睞與扶助，得以步步高升、扶搖直上。但住宅所倚靠的山其實另有學問：山明水秀的好山好水，才能成就好風水；反之，寸草不生的窮山惡水，非但無法依靠，甚至被視為煞氣的一種，稱為「**廉貞煞**」。

　　若住宅受廉貞煞侵擾，缺乏良好的靠山，便會有志難伸。事業上不得貴人垂青，難有提攜的機會，又常受頂頭上司為難，部屬不是陽奉陰違就是敷衍了事，使事業發展相當吃力；情場更是一波三折，總是差那麼臨門一腳，在最後關頭以失敗收場，令人苦悶不已。

　　在屋內掛上風光明媚的山水畫，以補充戶外所缺乏的生命力，並且注意水流的方向要流向屋內。

20. 屋有兩個偏門，易有口舌之爭及外遇問題

　　有些公寓除了原有的大門，還會設一個供住戶進出的偏門，這其實是個風水禁忌。小門只能設一個，而家中各個房間最好也只有一個門；若小門成雙，屋裡的氣會一邊進一邊出，造成家裡處處漏財。

而且有兩個小門供人進出，意謂口多，易引來口舌之爭、招來小人讒言，也會帶來一屋二主的隱憂，大大提高外遇的可能，讓夫妻倆感情不穩定，總是爭執不休，全家不得安寧。

化解 tips

若能將其中一個小門封住不用最好，若無法改變，則可安裝珠簾阻隔，並盡量只以一個門出入。

21. 住家不要太靠河邊，運勢容易起落

風水最講求山明水秀，如果住家能夠臨近清澈的溪水、湖水甚至海水，通常都是很好的選擇。不過如果太過靠近，反而會形成「**割腳煞**」。

割腳煞在都會中比較少見，多半發生在郊外或海邊，房屋才有機會貼近水面。犯割腳煞的住宅，運勢通常大起大落，鴻運當頭時大富大貴，一旦失運則立刻一落千丈，家運難以長久安定，總是反反覆覆，除了錢財難聚，感情也容易生變。

化解 tips

在床下放張地毯，大門口則要放腳踏墊，並在踏墊下放置五路財神圖。

床下放地毯，有助於宅運轉佳。（圖片提供：境庭室內設計）

22. 住宅緊連廟宇，容易刑剋感情

台灣三步一小廟、五步一大廟，住宅附近有宮廟很常見，有神明當鄰居，好像也比較安心。

其實不然，當住家大門正對廟宇，或住宅與廟宇相鄰，容易犯「**孤剋煞**」，對感情發展比較不利。通常居住在寺廟、教堂的人士，多是出家人或帶髮修行者，他們一心修行，放棄六親來到寺廟，使得此處凝聚著孤獨之氣。

另外，廟宇所在處屬於孤寡地，因為地氣被神吸走，周遭不適合做為安家納氣之地。居住者容易有精神不好、常胡思亂想的問題，姻緣因此不美，婚姻難以圓滿，對健康與財運也不利。

神廟前後的房屋雖然不適合長期居住，但做為商店就很理想。一方面客人來來去去不會久留，也就不受沖煞影響，再者廟宇附近人潮聚集，人氣旺盛，是設立店鋪的好地點，在此經營餐飲、小吃、便利商店等，就可受惠於人潮；而開設佛具店或中藥行，則受惠於地方性質，想找這類商家的客人也會先從這些地方找起。

至於長期居住此處者，可在沖煞方位放置材質沉重的龍形擺飾，或有太極圖騰的飾品，並且朝向窗外煞方，化解煞氣。

2. 讓好運常駐家中的 6 個化煞寶物

　　在家中設置化煞物品，就是想要改變運勢、化解煞氣，但製作這些物品需要許多人手，未必每個人都是滿心歡喜來製作的，開運物可能因此沾附了不好的氣，所以最好經過加持或淨化再使用。

　　正式的開光加持及淨化，通常需要專業人士來協助，普羅大眾較難了解其細節，也少有機會接觸，不過有些簡單方法可以達到淨化效果。

　　其中最方便的方法，就是在農民曆上挑選一個吉時吉日，帶著想淨化的物品到香火鼎盛的廟宇，在香爐上繞三圈，俗稱「過火」。因為廟宇的香爐具有太極八卦的力量，只要簡單過火，淨化效果就很不錯。

　　自己在家進行淨化也一樣簡單，只要誠心燃香來為開運物薰香便可，重要的是，心中懷有明確的美好前景、夢想藍圖，並且以喜悅、善良之心來為開運物祝禱，這樣淨化、開運的效果會更好。

1. 五帝錢

　　「五帝錢」是古錢開運方法中運用最廣的法器，分別鑄有順治、康熙、雍正、乾隆、嘉慶這五個滿清帝王的年號。

　　這五位皇帝是統領滿清自開國至國力巔峰時的盛世帝王，在位時間約一百八十年，是貨最暢其流、商業最興盛的繁榮年代。這些年代所使用的貨幣，因為曾流轉於千萬人之手，沾著飽滿的人氣，而被認為具有匯通天下的動力，可以推動財源；又因鑄有聖賢君王的年號，具有五帝天家

威嚴，可震懾凶邪，有避邪化煞之效。

　　將五帝錢掛在屋宅內，可興旺家運，也可將其掛在梁下、門口等受沖煞之處，化去煞氣。或者使用粉晶五帝錢葫蘆吊飾，也是不錯的選擇。

2. 水晶門簾／風水簾

　　門簾常用來阻隔與門有關的沖煞，不但具有阻隔的效果，更可改變氣流、攔阻穢煞，又不會妨礙空氣流通。選擇較有能量的水晶珠簾或者圖樣具有吉祥寓意的布簾，不只賞心悅目，開運的能量也更強。

　　想安裝水晶簾求桃花，應選擇一個桃花較旺的時段（即子時：半夜十一點至一點；午時：中午十一點至一點；卯時：早上五點至七點；酉時：傍晚五點至七點），一邊在心中許下想覓得真愛的願望，一邊親手布置，更能促進正桃花的發展，心意越誠，效果越強；已有伴侶的人掛水晶簾，亦有助增長愛意，促進感情和樂、天長地久的效果。

　　不過要注意，不論想招桃花、旺財氣，或者要化解沖煞，門簾掛上後的長度至少要超過門的一半，才能發揮其功效。

3. 龍形擺件

　　龍的形象既威猛又尊貴，常被用來調理風水，生旺化煞，吸納財氣。

　　龍形擺件有以下幾種用法：

- 可將龍形雕像放於魚缸上方或側邊，或者置於住家的生氣方、財位、門窗旁，吸納水氣，活絡財水。
- 住在死巷，運勢無法開展，可面朝煞

方擺放銅龍，化解煞氣。

4. 粉晶葫蘆七星陣

形狀窄口大肚的葫蘆具有易進難出的特性，不論病痛、凶煞、妖邪，

都能收納其中，以免受到侵擾；家中若有病人，就可以放個葫蘆來消滅病氣，也適合放在長者或孩童房裡。

福氣也可以被葫蘆穩穩收好，因此它是風水中常用的寶物；較鮮為人知的是，在床頭擺設一個葫蘆或粉晶葫蘆七星陣，可以增進夫妻恩愛之情，改善夫婦緣薄的困境。

5. 百子圖

以繪畫或刺繡而成的百子圖，描繪著嬰孩們在各種遊戲中玩耍的場景，既熱鬧又可愛，是廣受喜愛的吉祥圖畫，象徵「長壽多子」，也因為人丁子孫即是財富的根基，而有「富

貴不斷」的寓意，是風水制煞、招財納福的開運物。

此圖的喜氣，也有助化解犯小人、犯爛桃花、財運差、人氣不旺的問題，並紓解緊張的家庭氣氛，緩和夫妻不和睦、子孫不乖順的困擾。百子圖不但能為家中帶來和氣，更具有「好孕氣」，使想求子的夫妻如願以償。

6. 雞的圖畫或擺陣

若家中受蟲煞（蜈蚣煞）所擾，或者被外面的桃花糾纏，如受爛桃花、

壞女人包圍，或者被長官、同事性騷擾時，可擺放雞的圖畫或擺件，請雞來吃蟲。

　　懷疑配偶有婚外情，可將銅製的化煞金雞放在對方衣櫃內，一左一右鎮於暗角，讓爛桃花無處可藏。而大門對沖之處，可放置銅質的金雞，消弭煞氣。

Part 2

十二生肖幸福臨門

第 *4* 章

十二生肖的個性特質、愛情 配對指數及幸福風水配置法

從生肖看愛情觀是一件有趣的事，不同的生肖擁有不一樣的性格，透過對生肖的了解，能讓你捕捉到人性的輪廓，遇上喜愛的對象時，更能掌握對方的好惡，充分了解十二生肖間的和合關係，也能幫助你尋找到較相配的理想對象，讓戀愛關係更順遂愉悅。

　　另外，透過十二生肖專屬的開運色彩及開運物品來做簡單的風水布置，能替單身的人招來更多的異性緣及桃花運。速配指數較低的生肖組合，也能活用一些風水布置的小訣竅，修補彼此在磁場上的不合之處，讓感情更融洽。

1. 鼠的個性特質、與各生肖的愛情配對關係及幸福風水布置法

機靈的鼠先生

　　鼠先生的精力過人、個性善變、頭腦機警，是絕佳的辯士，在他們紳士的外表下，有一顆誠摯的赤子之心與博學多聞的氣質，這些正是令女性無法招架的致命吸引力。但對於愛情，他們老是存在不安與焦慮，以至於無法專一，更無法鍥而不捨地追求一個人，你只需拒絕一次，他那脆弱的心就會受到傷害，再也激不起漣漪。由於鼠先生的個性急、脾氣大，常得罪人而不自知；當他們決定要做一件事時，通常都經過深思熟慮，只不過一旦遭受挫折，就有那種「一鼓作氣，再而衰，三而竭」的遺憾，在愛情方面更是明顯。

　　儘管如此，他們還是愛挑戰，以魅力征服女人，見一個愛一個，卻不真心投入。

　　鼠男基本上是現實主義者，追求女孩的方式單刀直入，雖然也會有送花、燭光晚餐等浪漫舉動，但如果你以為鼠紳士很浪漫，可就大錯特錯了。他們的浪漫是偽裝的、短暫的，在愛情裡他們的一切都會經過估算，不過這種特質如果表現在事業或家庭上，倒是一個實事求是的好先生，會為家庭負起責任。

如何征服鼠先生？

1. 以欣賞的眼神、包容的態度肯定他，感情與讚美令他暢所欲言，將你視為知己。

2. 了解他的興趣，多花時間陪伴他，與他的生活圈建立良好關係，便於了解及掌握他的行蹤。

熱情的鼠小姐

　　鼠小姐擁有一顆善解人意的心，同時充滿智慧和機智，是「秀外慧中」的典型代表，也是個性傳統而富現代氣息的新女性，與她談話你會詫異「哇，她懂得可真多！」她對於愛情抱持樂觀的想法，生性外向積極、口才好、能言善道，但因為個性急、求好心切，有時難免情急而說錯話，無形中得罪人。幸好她平時熱心助人、樂善好施，沖淡了這些缺點，讓她擁有好人緣。打從學生時代時開始就不乏追求者，有時她也會主動追求別人，給自己製造機會。

　　聰明的頭腦，是鼠美人愛情一路順遂的原因，但「任性」卻是她的致命傷。鼠美人要是能對此心領神會，進而修養及調整自己，必能使愛情一帆風順。

　　她對愛情抱持從一而終的觀念，即使失敗了，仍能在痛苦中覺醒，表面上絲毫不露出痕跡，在她的臉上，永遠只有如沐春風的眼神與燦爛的笑容。鼠美人整天神采奕奕、充滿活力，懂得運用智慧在失敗中成長、從痛苦中學習，永遠給人鼓勵、給人信心，因此鼠美人是絕佳的情人，也是完美的理想伴侶。

如何征服鼠小姐？

1. 善用欲擒故縱的藝術，她有雙慧眼，會識破你的真面目，毫不留情地拂袖而去，所以不要對她緊迫盯人，太過猴急，反而破壞她對你的好感。

2. 學習傾聽的藝術，她喜歡高談闊論，因為她博學多聞，如果你願意

做一個聆聽者讓她傾訴，她會很感激你。

❤ 鼠與各生肖的愛情配對關係

鼠 VS. 鼠　　配對指數 ❤❤❤

你們的個性相似、外表登對，很容易就墜入愛河，不過若想維持長遠的關係，雙方都必須給予對方足夠的安全感。

鼠 VS. 牛　　配對指數 ❤❤❤❤❤

機敏活潑的鼠遇上踏實穩重的牛，在個性上不但互補，也能彼此包容、互相欣賞，在感情和婚姻上都是最速配的組合！

鼠 VS. 虎　　配對指數 ❤❤❤

屬虎的朋友敢愛敢恨，占有欲很強，對於較缺乏安全感的鼠來說，其實是個很不錯的對象，不過有時束縛太多，反而會讓鼠兒想逃跑。

鼠 VS. 兔　　配對指數 ❤❤

這個組合在剛認識的時候很容易來電，但因為性格差異大，隨著相處時間越長，就越容易起爭執，除非彼此能夠互相退讓，才能減少摩擦。

鼠 VS. 龍　　配對指數 ❤❤❤❤

由於鼠跟龍都口才辨給，談起話來非常投機，而不太會亂放電的龍，也讓容易焦慮的鼠很有安全感，是速配指數很高的一對。

鼠 VS. 蛇　　配對指數 ❤❤❤

你們在個性上雖然有契合之處，不過彼此對感情的防備心太重，因此感情若要長久維持，彼此都要卸下心防，真心相待。

鼠 VS. 馬　　**配對指數** 🖤

　　你們的個性南轅北轍，價值觀差異太大，想要避免感情危機，除了雙方多溝通之外，也要給彼此一些空間喘口氣。

鼠 VS. 羊　　**配對指數** 🖤 🖤

　　重視生活情趣的鼠兒，會覺得跟羊兒相處有些無聊，而羊兒的矛盾與猜疑心，令鼠兒不太欣賞，應該多營造一些美好的氣氛，才有利長久交往。

鼠 VS. 猴　　**配對指數** 🖤 🖤 🖤 🖤

　　同樣機靈好動、能言善道的兩人，很能夠彼此欣賞，而且猴朋友的點子很多，能帶給鼠兒很多歡樂，是非常理想的一對。

鼠 VS. 雞　　**配對指數** 🖤 🖤

　　生性自由的鼠兒最怕遇到愛嘮叨的雞，兩人只要一拌嘴就沒完沒了，只要能克服這個破壞感情的衝突點，就會有比較好的感情生活。

鼠 VS. 狗　　**配對指數** 🖤 🖤 🖤

　　鼠和狗很難激起愛的火花，除非屬鼠的人很主動地營造氣氛，不然狗兒的不善表達，會讓感情冷得很快，建議要多花心思培養共同興趣。

鼠 VS. 豬　　**配對指數** 🖤 🖤 🖤

　　你們的個性有相通之處，相處上也能互相禮讓，不過豬兒對建構家庭的渴望，往往造成鼠兒的壓力，所以除非願意等待，否則感情難有結果。

鼠的愛情風水配置法

- 開運色：寶藍色
- 開運物品：方形踏墊
- 開運植物：藍玫瑰

單身貴族的幸運愛情風水布置：

想加強愛情能量，那麼每天睡覺的床鋪可要常保乾淨整潔，此外，鼠帥哥可以鋪上紫色的床單或抱枕套，鼠美女則可換上米黃色的床包組，都有助提升異性緣，增強愛情磁場。

促進感情和樂的風水布置：

如果你的對象是鼠情人，當兩人意見相反的時候，記得先讚許對方再溫婉地發表你的看法。以陽宅風水的角度來說，雙方談話時切記不可面對面，那會形成對立的氣場，不利溝通。試著讓兩人坐在同一側，就不容易因為意見不合而吵架。想穩定感情的鼠兒，也可以在房間的西南方擺放六朵白色的香水百合，能穩定心性，在面對感情時提升自信心，也增加責任感。

2. 牛的個性特質、與各生肖的愛情配對關係及幸福風水布置法

專情的牛先生

生肖屬牛的男子，成熟穩重，踏實而有毅力，雖然不擅長言語承諾，但是會以行動來展現自己的決心，對於理想也肯默默耕耘，上進心強，無法忍受自己清閒下來，屬於勞碌的命格。他們多半事業有成，比一般人容易成功，因為他們禁得起失敗的考驗，也懂得自我反省，是「行有不得，反求諸己」的最佳寫照。

牛先生在十二生肖中，可能是最不擅長談戀愛的，他們對於感情總是遲鈍且慢半拍，對於心儀的人，也不輕易以言語或行動表示，愛情故事中那個手握玫瑰花、甜言蜜語說著我愛你的男主角，絕對不屬牛！

但是，牛先生對愛情的忠貞可靠是毋庸置疑的，他們是典型的傳統男人，「男主外、女主內」的觀念根深蒂固，他或許不會是位好情人，但必定是位好丈夫，非常愛護家庭，認為只要努力工作，就是對妻兒最好的回饋，卻不懂得要用言語或禮物來關心對方。因此，牛先生需要一位真正懂他的女性做為終生伴侶。你將會發現他那含蓄、寬容、多才多藝的特質，的確是可以依靠終生的避風港。

如何征服牛先生？

1. 完全地信任他，牛先生可能因為工作關係早出晚歸，不必急於責

問，更不要胡亂吃醋，一定要尊重他的工作。

2. 懂得用撒嬌的方式表達需求，他雖不懂浪漫的方式，卻很喜歡另一半為他細心營造的浪漫氣息。

堅毅的牛小姐

屬牛的女性有著面貌清秀、五官端正的臉蛋，身材也多是穠纖合度，並有一派優雅的沉著氣質。她們耐心又有條理，做事情講究方法和效率，即使年紀輕輕，舉手投足間仍不失大將之風，很容易在工作上獲得肯定及信任，但是面對愛情，她們卻顯得不知所措、無所適從。豐富的同情心使她對眾生萬物充滿了愛和感動，一旦陷入愛情生活，就會流露出天真無邪的本性，毫不保留地付出一切。

因為守舊的個性，她們的愛情觀展露出一種含蓄的美感，和其他女人一樣，渴望愛情、渴望一個溫暖的家，即使婚姻不完美，仍會選擇犧牲自己、成全大局，不到最後關頭，不會輕易說分手。

她期許自己能做個樂觀豁達的女人，但擇善固執的處世態度和偶爾發作的牛脾氣，又常使自己陷入孤獨中，不過當她清醒後，又能像雨後的彩虹般明亮耀人，牛小姐就在一次次的考驗中越來越成熟，散發出特有的魅力；只要能以更多的幽默感和浪漫熱情來點綴家庭生活，娶到牛夫人，保證物超所值，她對家庭的付出，遠比你期待得更多。

如何征服牛小姐？

1. 屬牛女子雖然不夠浪漫，但還是對愛情充滿幻想，因此多為她做一些浪漫的事情，她會深受感動。

2. 發生爭執時，記得要表情溫和、語氣自然地和她慢慢溝通，千萬不可採用暴力或辱罵的手段。

牛與各生肖的愛情配對關係

牛 VS. 鼠　　配對指數 ♥ ♥ ♥ ♥ ♥

鼠的機靈活潑讓牛很是欣賞，而牛的認真負責，更是鼠心中最理想的終生伴侶。彼此個性一靜一動，是難得的絕配。

牛 VS. 牛　　配對指數 ♥ ♥ ♥

你們的個性都很內斂，很容易因了解而墜入情網，但隨著相處時間變長，彼此的固執可能會互相傷害，要懂得適時退讓。

牛 VS. 虎　　配對指數 ♥ ♥ ♥

你們的性格差異頗大，不過牛能忍受虎的強硬作風，相處還算平順，如果虎可以適度地展現溫柔，感情會更和諧。

牛 VS. 兔　　配對指數 ♥ ♥

牛的溫吞固執，配上兔的游移不定，往往造成雙方感情上的遺憾，彼此的交集很少，若要長久維持感情，雙方都要主動積極一點。

牛 VS. 龍　　配對指數 ♥ ♥

牛的固執與龍的強硬作風，在感情上容易互不相讓。此外，龍的活躍也會讓牛感到不安，雙方都要各退一步，才容易相處。

牛 VS. 蛇　　配對指數 ♥ ♥ ♥ ♥

你們默契十足，性格上可截長補短，互相支持與鼓勵，速配指數相當高。不過，有時雙方認知會有落差，建議有話要直說，不要只用暗示的。

牛 VS. 馬　　配對指數 🖤🖤

　　牛很溫吞固執，馬則一馬當先，因此牛看不慣馬的急躁，馬也受不了牛的慢條斯理，彼此一定要學習相讓，才能相安無事。

牛 VS. 羊　　配對指數 🖤

　　你們的個性都很溫柔善良，但在相處上卻極不協調，因為牛和羊都有某種程度上的執著，硬碰硬的結果，通常不是吵翻天，就是冷戰。

牛 VS. 猴　　配對指數 🖤🖤🖤

　　牛欣賞猴的聰明活潑，猴對於牛的耐心也頗為讚賞，容易在看對眼的情況下發展為最佳拍檔，交往後的熱情也不會減少。

牛 VS. 雞　　配對指數 🖤🖤🖤🖤

　　你們兩個之間極為投緣，也能夠互相信任，而且對牛來說，雞的能言善道恰好可以彌補牛的不善言辭，兩人的速配指數相當高。

牛 VS. 狗　　配對指數 🖤🖤

　　你們的投緣指數並不高，因為雙方都不善於表達自己，相處上若有爭執，誤會很容易越來越深，要學習溝通，感情才會長久。

牛 VS. 豬　　配對指數 🖤🖤🖤

　　相較於牛的按部就班，豬的想法就顯得不夠實際，不過屬豬的朋友大多能配合牛的意見，所以相處上也相安無事。

牛的愛情風水配置法

- 開運色：黃色
- 開運物品：床頭小燈
- 開運植物：太陽花

單身貴族的幸運愛情風水布置：

　　如果你心中的理想伴侶還未出現，建議牛帥哥可以換一條水藍色的被子來蓋，有助提升異性緣；牛美女則可在房間鋪上蘋果綠的地毯，增強愛情磁場。

促進感情和樂的風水布置：

　　如果你們恰好是配對指數不高的組合，除了多互相欣賞彼此的優點、體貼包容以外，可以在窗戶邊放一顆圓形的粉晶球或粉晶類的擺飾，或在臥房門口掛粉紅色的水晶門簾，利用粉水晶凝聚愛情磁場的效用，讓真愛更濃，天長地久。

3. 虎的個性特質、與各生肖的愛情配對關係及幸福風水布置法

威嚴的虎先生

屬虎的男性天生有股威嚴感，他的氣勢非凡，野心大愛冒險，明眸皓齒、深長的人中充滿了男性魅力，言行舉止間的威儀與領袖風範，吸引了無數女子愛慕的眼神。虎先生的脾氣雖然不好，但能給女人絕對的安全感，具有「天要塌下來由我頂著」的霸氣；不過，對於現代的獨立女性而言，這種唯我獨尊的氣勢，難免會被批評為大男人主義。

他們對於愛情可以說相當粗線條，是從大處著手、小處不計較的族群，他們注重生活與排場，重視面子也注重社會道德規範，也有保護弱者的天性。只要認定了，他絕不輕言分手，除非你先背叛他，否則他一生一世都會照顧你；但同樣地，他們對於愛情的獨占欲很強，所以千萬不要欺瞞他或無端冷落他。

虎先生在家裡的表現是不折不扣的大男人，因此家庭氣氛多半比較僵硬，要到一定年歲，才會變得較有幽默感。但在虎先生的保護下，家人都會很有安全感，生活也頗為安定，所以如果你欣賞這種威風凜凜的氣勢，享受小鳥依人的情調，那麼跟著虎先生準沒錯。

如何征服虎先生？

1. 他是實事求是的人，比起吃高級餐廳，與他一同逛夜市、吃平民美

食，攜手散步在夕陽河邊，更令虎帥哥欣賞與感動。

2. 在他霸氣的外表下，虎男人的內心其實非常渴望母愛，特別喜歡女性的溫柔體貼，所以一定要記得「以柔克剛」的原則。

虎小姐的獨立

虎小姐象徵著權力、熱情活力與冒險犯難的精神，她總是盡心盡力、全力以赴，這種先求付出、先做再說的使命感，令許多男生望塵莫及。她充滿智慧、獨立性強、風情萬種，是個時代新女性，雖然有點自視甚高，甚至有些霸氣與不合群，但她忙碌而活躍、積極奮鬥的人生觀，非常值得我們學習。

屬虎的女子愛恨強烈，很容易因為愛得太深而深受重創，但相對的，只要你對她夠誠實、夠坦承，她也會把全部的自己交給你，無論如何，能跟她談戀愛是幸運的，你將時不時感受到她的活力與熱情。

她偶爾喜歡無理取鬧來測試愛人的耐性，例如來場失蹤記，或是和異性友人眉來眼去，其實虎小姐善良又有好心腸，當她像孩子般捉弄人時，往往只是想確認自己在你心中的地位，渴望被呵護。

但為人母後的虎小姐可就不玩這些把戲了，會立刻轉變身分，為孩子唱好聽的兒歌，講好聽的故事。當激情昇華為親情，她仍能扮演好角色，如好太太、好母親，可別太快放手，免得後悔莫及。

如何征服虎小姐？

1. 學習做個誠實的人，只要事前溝通好，即使她情緒上不高興，也不至於太無理取鬧；只要你誠實感性，就算是在訴說之前的荒唐史，也能攻進她的心房。

2. 樹立一套屬於你們的相處模式和規矩，例如當她咆哮失控時，適時遞給她一張衛生紙，並且理性的陪伴她，就是虎女生最愛的真男人。

虎與各生肖的愛情配對關係

虎 VS. 鼠　　配對指數 ♥ ♥ ♥

這一組算是彼此適合，虎可以給鼠愛情上的安全感，但是虎天生的占有欲卻也會帶給鼠壓力，所以提醒虎分寸要拿捏妥當。

虎 VS. 牛　　配對指數 ♥ ♥ ♥

虎的天生霸氣，會讓牛感到有點自卑，所以虎若能時時發自內心的讚美和尊重牛，那麼雙方就可以相處愉快。

虎 VS. 虎　　配對指數 ♥ ♥

因為一山不容二虎，彼此皆以王自居，相處上摩擦會比較多，除非有一方願意忍讓，否則應該很難溝通。

虎 VS. 兔　　配對指數 ♥ ♥ ♥

虎欣賞細心又靈巧的兔子，溫柔的兔也會尊重虎的意見，算是很融洽的組合，但建議虎要多給彼此一些空間，不要太有掌控欲。

虎 VS. 龍　　配對指數 ♥ ♥ ♥

龍兄虎弟各領風騷，兩人頗有惺惺相惜的味道，所以能夠互相欣賞，虎很容易被龍的慧黠和神祕所吸引，但是龍的好人緣，也常讓虎吃醋。

虎 VS. 蛇　　配對指數 ♥ ♥

蛇天生具有的冷靜神祕氣質，讓虎很沒有安全感，而蛇也不喜歡被虎限制住，所以兩人相處上常互耍心機，容易不歡而散。

虎 VS. 馬　　配對指數 🖤🖤🖤🖤

你們在個性上有許多共通點，彼此的默契相當好，虎欣賞馬的活潑外向，馬也欣賞虎的領袖氣質，談起戀愛來非常速配。

虎 VS. 羊　　配對指數 🖤🖤🖤

羊的溫柔善良可以得到虎的憐惜，虎的仗義直言也讓羊很崇拜，雖然雙方的個性可以互補，但因虎比較強勢，所以愛情關係有點失衡。

虎 VS. 猴　　配對指數 🖤

在感情上，屬虎的人態度率直磊落，相較於猴的機智善變，就會有很深的不確定感，因此在相處上，猴的真誠以待就變得很重要。

虎 VS. 雞　　配對指數 🖤🖤🖤

你們的相處多多少少會有一些距離感，這是因為虎兒很難放下身段，所以雞若不花點小心思讓虎墜入愛河，要長久維持感情並不容易。

虎 VS. 狗　　配對指數 🖤🖤🖤🖤

狗的忠實與誠懇，往往能觸動虎的心靈深處，讓虎很有安全感，所以當虎和狗在一起時，能夠感受到狗的疼惜與關懷，是很美滿的組合。

虎 VS. 豬　　配對指數 🖤🖤🖤🖤🖤

溫柔又乖巧的豬，總能讓虎心情愉悅，而虎內在的浪漫因子，也很容易被豬激發出來，所以你們相處起來快樂又沒壓力，是最速配的組合。

虎的愛情風水配置法

- 開運色：青色
- 開運物品：格子桌布
- 開運植物：竹葉青

單身貴族的幸運愛情風水布置：

想讓愛神快點眷顧嗎？那麼臥房裡的磁場可要煥然一新才行，建議屬虎的男生換一組米黃色的枕頭套，能為你加強戀愛運；而屬虎的女生，則建議運用金色床單或被單來營造戀愛的好磁場。

促進感情和樂的風水布置

速配分數較低的組合，若想提升和合指數，虎先生可以在家中西南方放一隻金豬擺設並配上一些紫水晶，不但可以強化愛情運、貴人運，也有利事業的發展；虎小姐可以多佩戴紫水晶飾品，能幫助你思考清晰，並賜予愛的勇氣與力量，從母老虎變成溫柔小貓咪。

4. 兔的個性特質、與各生肖的愛情配對關係及幸福風水布置法

親切的兔先生

生肖兔的男人溫文儒雅、合群、善於在公共場合營造出良好氣氛，帶給人親切、愉快的感受，因此人緣極佳，容易吸引異性的目光。他們喜歡沉浸在美好的氛圍中，感情也特別豐富，即使有了另一半，還是很容易盯著迎面而來的美女，常給人「風流」的印象。

兔先生的感情世界總給人撲朔迷離、舉棋不定的感覺，因為兔子們「狡兔三窟」的習性，使得他們的愛情常常無法長久，他們對感情並非不忠誠，只是忠心的對象不只一個。儘管如此，當他們遇到真正心愛的對象時，反應快、善交友的特質就會暫時消失，將心思全然投注到一段戀情中，只是熱情能維持多久，就要看機緣了。

跟兔先生交往，前期你不敢相信居然有這麼甜美的戀情，他呵護、體貼至極，也處處顯示出尊重女性的優雅風度，但時間一久，怎麼只剩下苦澀的無奈？這是因為兔先生重視交際更勝家人，一旦他把你當成家人後，當初的激情也就消退了，此時外頭的女生看起來魅力更大，更有挑戰性，這種容易有風流債的劇本，就是身為他的另一半所要面對的艱難課題。

如何征服兔先生？

1. 不要離兔先生太遠，他與朋友聚會時盡量隨行，讓他生活中不能沒

有你，也沒有時間對外面的女人分心。

2. 他們雖然風流，但不下流，對家庭也很有責任感，不會主動提分手、談離婚，所以只要你能忍，他們最後還是會回到你身邊。

溫柔的兔小姐

　　兔小姐有對明亮的眼睛，近於完美的嘴唇，從不用粗俗的言辭來討論問題，喜歡禮貌、高雅、和藹的人，休閒的穿著也能散發一派隨性與自然。她看起來慢條斯理、過分謹慎，這是出於凡事小心的天性。

　　兔小姐是可以與人和睦相處的女孩，不過也有些慣性思考和情緒，旁人可能較難理解，例如：她對於繁瑣和不便利的事情感到厭煩，嚴重時甚至會一個人悄悄走開，等心情好些才回來繼續手邊的工作。她相當懂得喝杯好茶休息一下，沒有她世界仍能運轉的道理。

　　她天生就喜歡無拘無束的生活和羅曼蒂克的愛情，對所愛的人溫柔備至，對不相干的人則敷衍塞責，甚至有點冷酷無情。她喜愛浪漫想像，過分敏感卻不易上當，當她產生不安全感或對事情感到不確定時，微妙的對抗心理便油然而生，在她柔弱的外表下，其實很有個性。

　　一旦遇上心中的白馬王子，她會甘願揮別過往走入家庭，做個洗衣煮飯的小女人。兔小姐喜歡的異性類型很簡單，欣賞善良、傳統、有經濟基礎的男性，而她有時也會喜怒無常，當情緒不佳時，如果你能禮貌性的暫時離開，之後適時地安慰她、聽她訴苦，更能獲得她的好感。

如何征服兔小姐？

1. 兔寶貝敏感多情，想當她的男人，別在事業上衝過頭，要多花些心思營造安逸、幸福的生活，多在意她的感受。

2. 她痛恨暴力及打罵，即便是冷暴力也不行，請盡可能為她打造一個祥和、寧靜的空間，她會很樂於接受你的愛意。

兔與各生肖的愛情配對關係

兔 VS. 鼠　　配對指數 ♥ ♥

在感情方面，屬兔的溫柔且不善拒絕，屬鼠的敏感又帶點神經質，所以有時雙方會互相覺得對方花心，要多給彼此一些空間。

兔 VS. 牛　　配對指數 ♥ ♥

屬兔的朋友崇尚浪漫愛情，而偏偏屬牛的人對愛情就是少根筋，所以若要維持感情，雙方要多溝通，把心裡真實的想法說出來。

兔 VS. 虎　　配對指數 ♥ ♥ ♥

對於屬兔的朋友來說，氣勢十足的虎令人又愛又怕，不過只要懂得以柔克剛的道理，適時地裝柔弱，就會發現虎兒一點都不可怕。

兔 VS. 兔　　配對指數 ♥ ♥ ♥

當浪漫多情的兔彼此遇見，因特質相同很容易就有觸電的感覺，速配指數不錯，但彼此的好人緣卻也容易引發感情危機。

兔 VS. 龍　　配對指數 ♥ ♥

兔會覺得龍過於個人主義，龍也會為了兔的異性緣太好而頭痛，所以兩人的速配指數並不高，想要白頭到老，除非彼此都願意互相尊重。

兔 VS. 蛇　　配對指數 ♥ ♥ ♥

你們的疑心病都很重，所以很難一見面就互相喜歡，只要經過長時間的認識與了解，並真誠相待，相處上也會很融洽。

兔 VS. 馬　　配對指數 ♥ ♥

略帶神經質的兔與熱情、愛冒險的馬，對情感的認知相差甚遠，所以相處時摩擦較多，除非彼此願意遵守共同協定，才能產生互補作用。

兔 VS. 羊　　配對指數 ♥ ♥ ♥ ♥

對於愛情，兔子其實非常敏感而纖細，當碰到死心踏地的羊時，就會被他所散發的堅定深深吸引，是非常適合交往的一對。

兔 VS. 猴　　配對指數 ♥ ♥ ♥

你們都很喜歡欣賞俊男美女，所以若想長久維持感情，雙方都必須先把心安定下來，才能避免醋海生波。

兔 VS. 雞　　配對指數 ♥

感情豐富的兔遇上幽默風趣的雞，一開始吸引力十足，但相愛容易相處難，日子久了，雞的愛管閒事與兔的多情，會讓彼此產生爭執。

兔 VS. 狗　　配對指數 ♥ ♥ ♥ ♥ ♥

狗的誠懇與忠實，能讓浪漫、沒安全感的兔找到歸屬感，而兔的浪漫也能勾起狗內心隱藏的深情，在愛情上默契絕佳，能夠互信互諒。

兔 VS. 豬　　配對指數 ♥ ♥ ♥ ♥

擅長營造愛情氣氛的兔，剛好滿足了豬對愛情的憧憬，而豬的細心體貼，也讓兔有被重視的感覺，在一起後會有定下來的想法。

兔的愛情風水配置法

- 開運色：綠色
- 開運物品：植物掛畫
- 開運植物：黃金葛

單身貴族的幸運愛情風水布置：

　　想要白雪公主或白馬王子快快出現嗎？那麼專屬你的「愛情溫床」，可要好好布置成能加強戀愛磁場的顏色。建議屬兔的男生，在地板鋪一張黃色的地毯，能增加你的桃花運，而屬兔的女性，則建議蓋白色的被子來加強異性緣。

促進感情和樂的風水布置

　　契合度較差的戀人組合，可以在房間的西南方點一盞黃色的小燈，能提升速配指數；此外，每天睡前用天竺葵或玫瑰精油薰香十分鐘，也能增進彼此的親密度，讓你們幸福又甜蜜。

臥室添一盞黃色小燈，幸福指數加倍。（圖片提供：境庭室內設計）

5. 龍的個性特質、與各生肖的愛情配對關係及幸福風水布置法

高貴的龍先生

　　在十二生肖中，龍是唯一一個虛構的生物，集神祕、高貴、驕傲於一身。屬龍的男人意志力堅強，對自己要求嚴格，也容易用同套標準衡量別人，因此與他們共事很不輕鬆。當他們氣沖沖地向你抱怨下屬時，一定要安靜聆聽，並溫柔的勸他一兩句，記得要以一種「我都能了解」的口氣，相信他聽完後，定會對你的贊同投以感動的眼光。

　　他們在愛情方面是標準的「寧缺勿濫型」，因為他們處處以事業為重，再來才是家人、朋友，並不熱中苦苦追尋女伴，他們總認為有了事業、金錢後，還怕沒有老婆嗎？

　　即使他們對愛情不夠積極，仍然需要談戀愛。與龍交往十分愉快，因為他們健談、口才好，分析能力特別強，喜歡沉思，總能悟出些道理，所以充滿魅力。不過，當交往久了想要邁入婚姻，卻常是落花有意流水無情，這是因為龍先生對終身伴侶要求很高，如果你鐵了心要嫁他，請改掉自以為是的缺點，盡可能迎合他的品味，讓他眼睛一亮，覺得你是他最正確的選擇。

如何征服龍先生？

　　1. 以柔克剛，再剛強的男人，在女人溫柔多情的眼淚下，也會被融化；

柔弱看似往後退，但其實是更靠近你心愛的男人。

2. 愛屋及烏才是真愛，他很重視家人，如果能把他的家人視為自己的家人，讓他無後顧之憂，想必他的愛火會更濃烈。

專注的龍小姐

屬龍的女性美麗而嚴肅，通常有著柔亮長髮、氣質飄逸，與她固執堅定的眼神形成強烈對比。她是集傳統與智慧於一身的女人，這兩種特質看似矛盾，卻並存在龍女身上。乾淨俐落的穿著是她最愛的風格，做事非常認真專注，工作能力強，追求榮譽感和成就感，不同於一般女人的相夫教子；她不會有「年紀到了該結婚」這種老套想法，甚至常為了工作，不小心忽略家人，怠慢朋友或情人。

她是成功、權力與財富的代表，卻也是狂妄自大的代名詞，她的愛情是真摯且發自內心的，她不輕易說出我愛你三個字，一旦她對你說出口，那肯定是真心的。

成熟的龍小姐，會把許多心思和時間放在工作上，對感情則抱著隨緣的態度。她對於愛情並不如事業那麼機智敏感，甚至可說有些遲鈍，不過一旦談起戀愛，又如火山爆發，經常有閃電結婚的衝動；愛情熱度一消散，卻又寧可抱著獨身主義，高唱單身貴族的論調。面對這樣充滿活力和能量的女子，你最好能跟上她的步伐，與她在事業上有共同目標，讓她看出你與眾不同的穩重氣質。

如何征服龍小姐？

1. 利用她的同情心扮演弱者，告訴她你急需呵護和關懷，相信以她「大女人」主義的心態，一定不吝於適時給予關愛。

2. 將她所追求的成就感轉換到你們的生活中，例如讓她主導你們新家的布置，她將在新的領域中，體驗到不同層面的成就感。

龍與各生肖的愛情配對關係

龍 VS. 鼠　　配對指數 🖤🖤🖤🖤

鼠與龍都相當博學多聞，湊在一起非常有話聊，感情穩定的龍不會亂放電，能讓容易焦慮的鼠有安全感，並且收起玩心認真考慮兩人的未來。

龍 VS. 牛　　配對指數 🖤🖤

牛重視家庭生活，龍則會把事業擺在前面，偏偏兩人吵起架來總是互不相讓，應盡力溝通對家庭的看法，才不會因此而鬧得不可開交。

龍 VS. 虎　　配對指數 🖤🖤🖤

龍與虎都相當霸氣，看似兩強相爭，其實虎很容易被龍的高貴與智慧吸引，但虎的疑心病常帶來爭執，要學著放寬心，龍則要學著收斂，感情才能長久。

龍 VS. 兔　　配對指數 🖤🖤

龍專橫的個性雖令兔不甚滿意，但兔卻喜歡那份安全感；龍容易因兔的好人緣而不平衡，若龍願意調整霸道的脾氣，感情較能長久。

龍 VS. 龍　　配對指數 🖤🖤

性格驕傲的兩人，誰都不願意先鬆口表態，感情發展快不起來，強烈的自尊心也常帶來不平之鳴。如果總要分個高低，不肯退讓，感情將難以持久。

龍 VS. 蛇　　配對指數 🖤🖤🖤

蛇善於主動出擊，也很懂得神祕的龍心裡在想什麼，要開始這段感情不困難，但蛇的占有欲需多加調整，以免龍耐不住這些壓力。

龍 VS. 馬　　配對指數 ♥♥♥

雖然在愛情中都容易慢半拍，但馬與龍談起戀愛來，能譜出他們獨有的浪漫，只是價值觀往往有出入，需要仔細溝通，才能融洽相處。

龍 VS. 羊　　配對指數 ♥♥♥

霸氣的龍能給依賴性強的羊十足的安全感，羊也相當眷戀這種感覺，只要不牽扯到工作，彼此就不太容易爭執。

龍 VS. 猴　　配對指數 ♥♥♥♥

猴的能言善道總能把龍哄得龍心大悅，龍的高貴氣質也讓花心的猴不容易轉移目光，是能將彼此優點發揮到極致的一對。

龍 VS. 雞　　配對指數 ♥♥♥♥♥

龍與雞都渴望完美的愛情，龍希望戀人善解人意，雞則期待戀情轟轟烈烈，恰巧對方都是能努力追求夢想的好對象，很容易一拍即合。

龍 VS. 狗　　配對指數 ♥

狗與龍都不擅長把愛說出口，光要開始交往就得先望穿秋水，感情進展較慢，加上都不善於理財，想共組家庭，可得在財務方面精進才行。

龍 VS. 豬　　配對指數 ♥♥♥

龍喜歡純真的豬，豬也對龍百依百順，但時間一久，豬漸漸厭煩被龍說教，龍則覺得豬天真得令人無奈，但調整相處模式後感情仍甜蜜。

龍的愛情風水配置法

- 開運色：琥珀色
- 開運物品：羽絨被
- 開運植物：瑪格麗特

單身貴族的幸運愛情風水布置：

　　家中若以冷色調為主色，容易使性格變得冷傲，桃花不開，若能增添一些暖色系的飾品，便可改善姻緣遲滯的問題，例如在沙發上放一個紅色的靠枕，或是在床腳放一塊粉色的地墊，既能保持原本潔淨素雅的色調，又能催促姻緣。

促進感情和樂的風水布置：

　　如果有感於作風硬派、心中有愛卻說不出來，又怕再不好好說愛，感情就會悄悄淡去，這時不妨在臥房的窗戶加一層紗簾，白天以紗簾隱去窗外繁忙的生活景色，讓待在臥房裡的時光輕鬆一點，情話較容易說出口；晚上再拉起布簾，確保一夜好眠，養好精神，耐心自然充足，溝通協調也就更順暢。

窗戶加層紗簾，可增進感情。（圖片提供：摩登雅舍室內設計）

6. 蛇的個性特質、與各生肖的愛情配對關係及幸福風水布置法

孤高的蛇先生

　　屬蛇的男性通常有一張俊俏的臉龐，總是將外表打理得俐落大方，營造乾淨乖寶寶的好形象，符合他不僅是金玉其外，而是全憑真本事的工作態度。剛認識的朋友總會覺得他雖然彬彬有禮、心思細膩，也知所進退，就可惜待人有些冷漠，但相處久了就會發現他的內心其實相當熱情奔放，也積極關懷身邊的人，富有同情心，擁有豐富的情感，只是先前沒表現出來。

　　不過，踏實的蛇先生有時顯得有些一意孤行，這是受多疑性格影響，他多半不相信他人能把事情做好，然而，總是懷疑別人的蛇先生卻不容自己被質疑。

　　屬蛇的男人家庭觀念通常較薄弱，雖然渴望家人的支持，卻無法拒絕玩樂的邀約，被質問時又跳腳大喊：「我怎麼會不重視家人？」

　　蛇先生有著優越的條件和填不滿的心靈，單單一人的愛不足以滿足他，他會同時愛上許多人，且放任占有欲作祟，想綁住每個人卻又不一定珍視對方。他喜歡追求美女，但美麗的女人常是帶刺的玫瑰，自有對付他的辦法，而百依百順的女孩遇上了他，可就吃虧了。

　　熱戀中的伴侶總會將瘋狂、獨占當做愛的表現，只看見他的浪漫情懷，看不見他無視你獨立自主權的可怕，要小心處理跟蛇先生的關係，以

免兩人的相處成為不對等的狀態。

如何征服蛇先生？

1. 蛇先生貪玩，朋友一邀約就想往外跑，此時不如反過來想：「你在哪裡，家就在哪裡」，不只參與他的活動，還比他更投入，如此一來，他就會減少風流的機會了。
2. 溫順的女孩如果愛上了多情的蛇先生，不妨試著神祕一點，偶爾讓他找不到人，相處上也不要完全順從，吊足他的胃口，他反而會放不開手。

冷豔的蛇小姐

生肖屬蛇的女人大都天生麗質，也善於將自己打扮得高雅出眾。蛇小姐性格冷靜，神祕又有智慧，喜歡人文藝術，不但喜愛文學與哲學，也喜歡美食、看表演。

看似文藝美女的她，其實很理性，蛇小姐心思敏捷、做事謹慎，而且臨危不亂，危機處理能力相當出色。敏感多疑的蛇小姐對未來多半有長遠的規畫，從結婚生子、購屋買車到退休生活，無一不全，除了能產生安全感外，也是她為自己負責的方式。

個性執著的蛇小姐通常有些一意孤行，寧可相信沒有根據的直覺，也不想聽人勸誡，常錯過與人交流的機會，又為此感到被孤立。蛇小姐也不喜歡欠人情債，總會試圖與所有人恩義兩清，卻容易被視為與人劃清界線，更加寂寞。

冰山一般的蛇小姐一旦碰到愛情就不一樣了，她會變得快樂而熱情。她對愛人的要求很高，要有責任感，也要有人生規畫，權力與成就當然更不可或缺，因此沒有真才實學的對象，她可看不上眼。

蛇小姐一旦有了喜歡對象，就會有很強的占有欲。如果她曾在愛情上栽過跟頭，疑心病就會更重，可能因此逃避愛情；而令她心碎、在心中築起高牆的那個人，更不會給予任何信任。

如何征服蛇小姐？

1. 盡可能帶她認識家人朋友，昭告天下「她是我的女朋友！」談到人生規畫時，更要將她納入你的世界，藉此化解她的不安與疑慮。
2. 蛇小姐喜歡神祕，男友貼心接送、頻繁問候雖能令她安心，卻也可能破壞她的神祕形象，她若表示不喜歡，可別硬要表現，表達心意的方法多得是，再換一招吧！

 蛇與各生肖的愛情配對關係

蛇 VS. 鼠　　配對指數 ♥ ♥ ♥

反應靈敏的鼠很受蛇欣賞，蛇的多疑性格卻會讓鼠倍感壓力，想要維持感情甜蜜，必須給予更多信任與自由，相處會更自在。

蛇 VS. 牛　　配對指數 ♥ ♥ ♥ ♥

神祕的蛇喜歡比較迂迴的表態方法，偏偏牛是最難暗示的，這反而引起蛇的好奇心，也對牛的老實感到安心，開始覺得踏實一點也不錯。

蛇 VS. 虎　　配對指數 ♥ ♥

蛇的占有欲雖強，卻相當多情，讓占有欲也很強的虎感到很頭疼。蛇需放下心機與玩心，虎也需多點寬容，雙方真誠以待，感情才能平穩發展。

蛇 VS. 兔　　配對指數 ♥ ♥ ♥

兔總是一片赤誠地對待戀人，令蛇感動萬分，蛇外冷內熱的雙面形象對兔而言也相當新鮮，只要多點耐心了解對方，會是很不錯的組合。

蛇 VS. 龍　　配對指數 ♥ ♥ ♥

蛇與龍的個性有點相似，但龍顯得比較獨立自主，也喜歡保有自己的空間，如果蛇也學著獨立一點，互相保留一些神祕感與距離美，就能相處融洽。

蛇 VS. 蛇　　配對指數 ♥ ♥ ♥

同是多情種的兩條蛇配在一起時，對方使什麼招數多半都能見招拆招，愛情遊戲永遠玩不完，但若想要感情長久、不再打翻醋罈子，就得雙方都放下玩心才行。

蛇 VS. 馬　　配對指數 ♥ ♥ ♥

蛇喜歡馬簡樸的性格，馬則喜歡蛇溫文有禮的儀態，很容易因欣賞彼此而走到一塊，但需深入了解對方的內心世界，感情才會更契合。

蛇 VS. 羊　　配對指數 ♥ ♥ ♥

蛇浪漫熱情的戀愛模式讓羊深陷其中，但來者不拒的個性又讓羊頭痛不已，若想攜手走入下個階段，蛇得學會收收心，羊則要學著寬心才行。

蛇 VS. 猴　　配對指數 ♥ ♥ ♥ ♥ ♥

蛇與猴都相當注重外貌，也都多情得難以控制，乍看同性相斥的兩人，其實再適合不過，雙方理解彼此的愛情觀後反而會更加珍惜，也更知道如何維繫感情。

蛇 VS. 雞　　配對指數 ♥ ♥ ♥ ♥

雞有時稍嫌嘮叨，但蛇遇上了雞，卻樂於被管束。另外，蛇的浪漫情調正能迎合雞對愛情的幻想，是很能互補及協調的一組。

蛇 VS. 狗　　配對指數 ♥♥♥

狗對感情的忠誠度雖讓蛇深受感動，但仍覺得對方幽默感不足。而蛇的愛情把戲則被狗認為肉麻當有趣，兩人必須多培養共同興趣，感情才會長久。

蛇 VS. 豬　　配對指數 ♥

蛇喜歡豬的天真，豬也喜歡蛇認真工作的樣子，但豬敏感又直白的表達方式，常會不經意地打擊到蛇，多疑又猜忌的蛇也容易讓豬受傷，有時候聚少離多反而容易保持感情和睦。

蛇的愛情風水配置法

- 開運色：淺紅色
- 開運物品：緹花窗簾
- 開運植物：康乃馨

單身貴族的幸運愛情風水布置：

希望桃花緣好好運作，可在客廳的西南方放置一個款式精巧的時鐘，花俏一點也無妨，但不要太大，透過時鐘來強調桃花位的「流動性」，讓桃花緣跟著運轉起來。亦可將這個角落布置得浪漫一點，並經常在此處休憩，不時泡杯花茶在這裡度過悠閒時光，有助增旺桃花運勢。

促進感情和樂的風水布置：

臥房內的梳妝台掌管女主人的儀容與德性，更象徵女主人的財庫，因此只要環境許可，最好要為女主人設置梳妝台，並且隨時保持乾淨整齊，有任何損壞應盡快修復。但臥房內也忌諱鏡子面對床，以免被鏡中影驚嚇，

甚至變得疑神疑鬼，若無法改動梳妝台位置，可選塊漂亮的緹花布來遮蓋，或者選擇可將鏡台收起來的款式，藉此減少臥房中的猜疑。

梳妝台乾淨整齊，有利運勢。（圖片提供：境庭室內設計）

7. 馬的個性特質、與各生肖的愛情配對關係及幸福風水布置法

耿直的馬先生

　　屬馬的男士個性比較急躁，總是衝在最前面，因此沒有閒情逸致去欺瞞或算計，做事光明磊落，性情也顯得忠心耿直，榮譽心、自尊心都很強。剛正不阿的馬先生，其實具有出色的幽默感，甚至不惜調侃自己來製造「笑果」，但是逗弄身邊的同事、朋友可以，要他阿諛上司、客戶就難了，儘管他也享受被拍馬屁的虛榮感，卻不太願意折腰。馬先生雖然比較躁進，偶爾也有電池沒電的時候，需要以自己的步伐慢慢充電，再急起直追。

　　馬先生的是非對錯太過分明，不容許模糊地帶，正直的個性又不允許他向惡勢力低頭，所以很容易得罪人，在愛情上也因此傻得可愛。

　　敢愛敢恨的馬先生，年少輕狂時就像文藝片裡走出來的男主角，面對愛情就像脫韁野馬一樣，在他強烈的占有欲驅使之下，連自己都不認識自己，瘋狂甚至脫序；經過時間的淬鍊，馬先生漸漸控制住占有欲，將它轉化為關愛，反而成為風度翩翩的紳士。可惜馬先生雖然重視愛情，但這方面的觀察力卻不太好，不懂得女孩子正在對他放電，竟然問「是不是沙子跑進你的眼睛裡了？」與其眉目傳情，還不如主動出擊設計浪漫約會。

如何征服馬先生？

1. 馬的五行屬火，因此最容易讓馬先生束手就擒的，非柔情似水的女性莫屬；內在固然重要，但秀髮如瀑、眼眉帶秋波的女人，最讓馬先生難以招架。

2. 給他完整的自由。馬先生不喜歡被監控，這會讓他覺得不被信任，反之，保持自在、優雅，偶爾撒個嬌，才是他心目中最喜愛的理想對象。

聰敏的馬小姐

馬小姐兼具傳統與時尚美，樂於吸收新知，也懂得打扮自己，是開朗又獨立的女性。她喜歡忙碌，凡事親力親為，也善於一心多用，可以邊看電視邊顧孩子，或同時對發票、和朋友打電話聊天，並且全做得井然有序。馬小姐有種愛以自己為中心的性格，喜歡服務他人，但更享受被朋友服務、簇擁的感覺。她也會以自己為標準來要求別人，當屬下、同事禁不起她的考驗時，難免會抱怨幾句，好在她的脾氣來得快去得也快，不會記仇，所以也容易獲得寶貴的友誼和人緣。

馬小姐不是很有耐心，但比起等待，她更不能忍受被誤解，所以常給人喋喋不休的印象，因為她一定會滔滔不絕地把想法說出來，直到論述完整為止，否則她會被這些話噎得吃不下、睡不著。

馬小姐獨立性很強，不喜歡依賴別人，偶爾會表現出一種我行我素的生活哲學，她憑直覺生活，對待愛情也是如此，因此很容易墜入情網；但另一方面，她也相當豁達樂天，懂得合則聚、不合則離的道理，極容易從情網中逃脫，這一點可是其他生肖的女性既羨慕又難以做到的。

如何征服馬小姐？

1. 不自由毋寧死，她雖不會尋死尋活，但綁手綁腳的愛情會讓她很不開心。金錢方面亦然，馬小姐很慷慨，如果總對她請飲料、發點心

的行為有意見，是會被她瞧不起的。

2. 馬小姐的桃花很旺，從來不乏追求者，也不怕被人知道，甚至會主動提起，此時不妨冷靜點，繼續原先的話題，再慢慢讓她理解其實你很吃味。

馬與各生肖的愛情配對關係

馬 VS. 鼠 　配對指數 🖤

馬雖熱愛自由，卻也無法理解鼠竟將愛情當做遊戲，而鼠也認為馬冥頑不靈，若想感情長久維繫，雙方都必須強化修養並彼此包容，讓對方安心。

馬 VS. 牛 　配對指數 🖤🖤

喜歡一馬當先的馬和總是慢條斯理的牛，步調通常不太協調，相處上常有衝突，但若能接受對方的特質，也未嘗不是互補的好組合。

馬 VS. 虎 　配對指數 🖤🖤🖤🖤

工作態度認真的馬很受虎的青睞，馬也喜歡虎的領袖特質，這個組合不但在事業上非常契合，建立感情也相當合適。

馬 VS. 兔 　配對指數 🖤🖤

馬雖然刻苦耐勞，卻稍欠變通性，靈活的兔子經常將錯誤歸咎於馬的個性太頑固，馬自然不滿，若希望感情平穩，可不要太張揚對方的缺點。

馬 VS. 龍 　配對指數 🖤🖤🖤

樂於學習的馬對博學多聞的龍相當敬佩，偶有曲高和寡之感的龍也相當欣賞馬的上進心，只要雙方不武裝自己、掩飾愛意，會是很融洽的一對。

馬 VS. 蛇　　配對指數 🖤🖤🖤

蛇喜歡聽好聽的話，馬也喜歡被拍馬屁，這個共通的特點如果無法相互滿足，兩人的生活就會顯得無聊，若能多注重情趣，感情就會很甜蜜。

馬 VS. 馬　　配對指數 🖤🖤

兩匹忙著衝第一的馬，很容易全心投入事業而忘了彼此的關係，當感情生變就難以挽回了，需要常常溝通，濃情才不會淡去。

馬 VS. 羊　　配對指數 🖤🖤🖤🖤🖤

馬重視實際，羊也不奢求浪漫，馬的內心傳統，羊的作風也很保守，兩人也都注重家庭生活，價值觀處處相合，共組家庭再適合不過。

馬 VS. 猴　　配對指數 🖤🖤🖤

馬雖然喜歡猴的靈巧，卻又煩惱猴太機靈多變；猴欣賞馬的踏實，卻也為馬的嘴拙而煩悶，只要多關注對方的優點，自己也做些改變，感情就會順遂。

馬 VS. 雞　　配對指數 🖤🖤🖤

踏實又急躁的馬，常覺得雞光說不練，雞則覺得馬太過節儉，不懂得享受生活，若想感情融洽，金錢與家庭事務需要有相當的共識，才能和平相處。

馬 VS. 狗　　配對指數 🖤🖤🖤🖤

馬與狗同樣有著踏實、不喜交際的個性，對愛情的想法也都很樸素，不愛花錢買浪漫，若多展現些貼心舉動，將能帶動生活情趣，讓兩人更合得來。

馬 VS. 豬　　**配對指數** 🖤 🖤 🖤

　　天真的豬容易吸引馬的注意，馬的上進心也令豬欣賞；不過豬常要求太多而讓馬厭煩，馬粗枝大葉的個性也常惹豬生氣，要懂得互諒，感情才會穩定。

馬的愛情風水配置法

- 開運色：火紅色
- 開運物品：心形抱枕
- 開運植物：牡丹花

單身貴族的幸運愛情風水布置：

　　家中若陳設太多尖銳物品，會影響到居住者的人氣，令人不想接近，或者招來爛桃花，因此尖銳及開刃的工具、物品及裝飾，最好收起來，以免損傷桃花及人緣。擺放或佩戴粉晶類飾品，則可增加桃花運勢。

促進感情和樂的風水布置：

　　有道是「只羨鴛鴦不羨仙」，可以在臥房裡放置成對鴛鴦的花鳥畫，或者容易聯想到「百年好合」的百合、象徵忠貞愛情的天鵝；牆壁也可換上柔和一點的顏色，除了襯托掛畫外，也有助於感情的和諧。

8. 羊的個性特質、與各生肖的愛情配對關係及幸福風水布置法

堅忍的羊先生

重視內涵的羊先生有點固執，忍耐力卻令人嘖嘖稱奇。在慷慨解囊、熱心公益的背後，羊先生對自己其實很苛刻，省吃儉用到讓人有點擔心；他能忍受長時間做同一件枯燥乏味的工作，並且樂在其中，也不太計較待遇好壞，顯得缺乏野心，「狼性」就更不用說了，通常他都是被狼咬的那個。

和羊先生一起工作很愉快，他不愛出風頭、不會指指點點或亂提意見，雖然不夠獨立，但若有貴人指點引導，也能以執行者的角度做出一番事業。

羊先生自知應變能力較遲鈍，所以多半選擇安於現狀，而非放手一搏，先衝再說，如果看不到羊先生努力追求的態度，很容易誤以為他不思進取。

屬羊的男人溫文有禮、親切迷人，喜歡愛人也喜歡被愛，與他談戀愛是件很單純的事情，但可能單純到有點乏味。其實羊先生非常重視家庭生活，卻不太會營造氣氛，對愛情也一樣，有些不解風情，常顯得手足無措；他雖然笨拙，卻比誰都寬大，愛上就是愛上了，這樣單純又專情的男人，對情傷卻毫無辦法，失戀的羊先生很容易陷在情傷中久久不能自己。

如何征服羊先生？

1. 經常關愛他，等他收拾好情緒恢復男兒本色，其實是個不錯的依靠對象。

2. 以被動的姿態與他互動，經常問他：「明天和姐妹聚會穿哪雙鞋好呢？」「我姪女好可愛、昨天還餵我吃她的布丁耶！」讓他知道每一件事情，但不要求他參與你的生活，直到他主動提起。

執著的羊小姐

　　屬羊的女人喜歡打扮自己，讓自己由內而外散發淑女氣質，在她優雅的外表下，其實藏著一顆倔強的心。羊小姐脾氣好，個性正直而親切，很能設身處地為人著想，理解他人的難處，並原諒一切錯誤；面對爭執與誤解，她通常選擇保持沉默，因為她認為解釋是沒有用的，恐怕還會越描越黑，那就別多費唇舌，自己知道自己是對的就好，其他就算了。所以當她大聲辯解甚或惡言批評時，肯定是受了不白之冤，而且幾乎要氣瘋了！

　　舉止優雅的羊小姐，極富藝術性與創造力，雖然內心討厭妥協，卻總能生出一套套說法讓自己原諒別人。她相當多愁善感，一旦情緒低落就顯得悲觀而厭世。

　　羊小姐喜歡與人往來，待人總是一片赤誠、不分對象，不過她對感情比較保守，即便憧憬婚姻、渴望家庭，也不會表現得太熱情，若期待她投懷送抱，那就太不了解她囉！她想要的不是共演愛情大戲的顏值型男，才剛認識就愛得掏心掏肺、轟轟烈烈，而是可以信任與依賴的另一半，在認識的過程中一點一點了解彼此，進而共譜戀曲。

如何征服羊小姐？

1. 羊小姐生氣時，送禮是不管用的，如果你掉頭離去，那也不用回來了。唯有合理、如實的解釋才能平息她的怒氣。

2. 想抓住羊小姐的心，就要比她更細膩。記好諸如告白日、第一次約會等一切有關你們的重要日子，並且一同慶祝，她平實的生活便會因你而繽紛。

羊與各生肖的愛情配對關係

羊 VS. 鼠　　配對指數 ♥♥

羊覺得鼠的生活品味鋪張，鼠覺得羊太沒情調，如果不加強溝通，價值觀的差異只會隨著時間而越差越遠。

羊 VS. 牛　　配對指數 ♥

硬脾氣的牛與保守的羊，雖同屬保守派，卻只覺得對方頑固，吵起架來誰也不讓誰，若要共組家庭，雙方都必須學習忍讓，進行良性溝通。

羊 VS. 虎　　配對指數 ♥♥♥

虎的正義感讓羊既讚賞又安心，羊的善良則令虎喜愛不已，個性上很互補，如果把眼光著重於對方的優點，天長地久並不困難。

羊 VS. 兔　　配對指數 ♥♥♥♥

羊喜歡被兔無微不至地照顧，兔則因羊的依賴而心花怒放，兩人的相處相當融洽，只要對愛情忠誠，感情自然長長久久。

羊 VS. 龍　　配對指數 ♥♥♥

龍的霸氣會讓羊很有安全感，羊的隨和也不討厭被龍使喚，但羊需要多一點獨立，龍則要多一點耐心，才不會覺得對方都沒長進。

羊 VS. 蛇　配對指數 ♥ ♥ ♥

稍欠應變能力的羊欣賞蛇的變通，但蛇多情的性格讓單純的羊難以接受。若想感情持久，蛇要學著穩重一點，並且多多讚美羊。

羊 VS. 馬　配對指數 ♥ ♥ ♥ ♥ ♥

保守的羊不擅長營造氣氛，正好馬也認為比起浪漫情調，實際一點比較重要，個性都較為傳統的馬與羊，價值觀與愛情觀非常契合。

羊 VS. 羊　配對指數 ♥ ♥ ♥

兩隻羊相遇的時候，可能因為特質相似而墜入情網，但也會因為同樣固執，吵起架來絕對不認輸。如果沒人願意低頭，感情就難以維持。

羊 VS. 猴　配對指數 ♥ ♥

羊雖然不喜歡被拍馬屁，卻招架不住猴的甜言蜜語，然而猴用情不專的問題，卻會給單純的羊帶來相當大的傷害。

羊 VS. 雞　配對指數 ♥ ♥ ♥

雞的幽默與羊的溫柔很容易彼此動心，不過長期相處後，雞的嘮叨和羊的無趣也會凸顯出來，把注意力放在對方的優點，感情才會融洽。

羊 VS. 狗　配對指數 ♥ ♥

羊與狗很容易受外在因素吸引，但雙方都不太懂得經營愛情，如果不嘗試製造點浪漫情調，熱戀期很快就會過去，感情就漸漸淡掉了。

羊 VS. 豬　配對指數 ♥ ♥ ♥ ♥

羊吃苦耐勞的特性讓豬很佩服，豬不愛爭鋒頭的個性令羊很喜歡，是

可相互補足又彼此扶持的一對，但最好早日看清理財觀念的歧見，各管各的錢比較妥當。

羊的愛情風水配置法

- 開運色：褐色
- 開運物品：圓形椅墊
- 開運植物：桂花

單身貴族的幸運愛情風水布置：

　　風水學多半不提倡裝飾假花，不過床罩、家飾若印有花朵圖案，雖然轉換磁場的力度不及鮮花，但增進愉悅情緒的效果可不遜色，也有助於桃花人緣。

促進感情和樂的風水布置：

　　保守單純的羊相當安於平穩的生活，如果想添增一些變化來促進和樂，可以在各個房間擺放一兩張家族或夫妻合照。這些照片最好時常更換，代表夫妻恩愛、家庭互動密切。經常舉家出遊，讓美好回憶不間斷。

9. 猴的個性特質、與各生肖的愛情配對關係及幸福風水布置法

博學的猴先生

猴先生頭腦靈活、反應快，善於營造氣氛，有他在的場合就有笑聲，是社交場合中的萬人迷。博學多聞的猴先生，不論是課本上的知識，還是生活中的常識，都很有興趣了解，而且有絕佳的記憶力，觀察力也很敏銳。和他在一起，能感受到無微不至的貼心照顧，像是逛街看到很喜歡卻捨不得買的東西，某天他竟送到你面前，讓你感動不已。

若說屬猴的男人是情場高手，一點也不為過，他很會說暖心的情話，讓你心甘情願付出一切，不過，即便再能言善道，也有害羞的時候，明明是自己安排的浪漫約會，卻緊張得滿臉通紅，這一份天真，反而更能擄獲女生的心。

猴先生很容易愛上一個人，也容易移情別戀，愛情來得快也去得快，所以，他的愛情總在尋尋覓覓中度過。他永遠不滿足現狀，即使女友很漂亮，還是會忍不住偷瞄經過的美人。但他們很重視「一旦結婚，必忠於家庭」的觀念，因為認清自我環境的劣勢，追求良好生活品質的人生，才是猴先生的目標，所以和他們交往的女性朋友請放心去愛，但要記得時時警惕自己保持新鮮感。

如何征服猴先生？

1. 只要你是強勢的一方，就算他再怎麼愛玩，也會顧及到你的感受，與其他女人保持一點距離。

2. 多挪出一些時間與他相聚，並且一起出席各種活動，宣示你的主權，讓大家知道他已死會，自然不敢來搭訕。

優雅的猴小姐

猴小姐多半擁有勻稱的身材比例，加上高高的額頭，給人雍容華貴的感覺，迷人的眼神散發出親切的吸引力，讓人不自覺地想親近。她們的穿著會隨著心情展現不同風采，華麗鮮豔、端莊穩重、時髦有型都能輕鬆駕馭。

她給人的感覺是精明的，頭腦冷靜、反應靈敏、善於理財、點子又多，是極佳的公關人才。與她共事，一定要想辦法讓她和你站在同一陣線，如果想要請她幫忙，必須先展現你的誠意，取得她的信任才行。

猴小姐富有幽默感，喜歡開玩笑，和她在一起總是能感受到歡樂的氣氛，因此人緣相當不錯。別看她平時能言善道，遇到喜歡的人也會害羞，說話不知所云。不過對於愛情，她似乎不怎麼懂得浪漫，就算你花大錢送九十九朵玫瑰，也不一定能討她歡心，反而會覺得你浪費錢，因為她重實際，不做徒勞無功或沒把握的事。猴小姐對於婚姻非常忠誠，她善於留住丈夫的心，懂得花最少的錢，營造最好的家庭氣氛。

如何征服猴小姐？

1. 不要承諾你做不到的事情，就算是隨口答應的小事，她也會記在心裡，如果你失信於她，很難再得到她的信任。

2. 在她面前擺闊，只會讓她覺得你很膚淺，如果實在不曉得要送什麼，可稍微試探一下，有了她的暗示，送禮保證送到心坎裡。

猴與各生肖的愛情配對關係

猴 VS. 鼠　配對指數 ♥ ♥ ♥ ♥

猴和鼠反應都很快，又能言善道，容易互相欣賞而在一起，機靈的猴懂得製造生活情趣，相處起來非常愉快。

猴 VS. 牛　配對指數 ♥ ♥ ♥

猴很佩服牛的吃苦耐勞，牛也很欣賞猴的幽默感，雙方很容易看對眼而步入禮堂，婚後猴只要對牛忠誠，就不會有太大的問題。

猴 VS. 虎　配對指數 ♥

猴的幽默風趣，以及人見人愛的好人緣，常讓虎擔心猴會被追走，而虎的權威，則令猴心生畏懼，如果要長期相處，可要多溝通與體諒。

猴 VS. 兔　配對指數 ♥ ♥ ♥

猴和兔的異性緣都很好，身邊朋友也很多，若想要讓感情生活幸福長久，就要把對待朋友的熱忱用在彼此身上，才會更長久。

猴 VS. 龍　配對指數 ♥ ♥ ♥ ♥

猴欣賞龍的高雅氣質和獨立個性，龍則欣賞猴的反應靈巧、善於表達，如果可以互相學習對方的優點，便能互相成長，共創美好的生活。

猴 VS. 蛇　配對指數 ♥ ♥ ♥ ♥ ♥

你們是非常速配的一對，彼此都有敏銳的觀察力，能了解對方內心的想法，不用揣測對方的喜好，更不會踩到彼此的地雷，相處起來很舒服。

猴 VS. 馬　　配對指數 ♥♥♥

　　猴欣賞馬的腳踏實地，但對於馬的不解風情感到無奈；馬很羨慕猴的好人緣，卻討厭猴愛說大話，雙方要多溝通才能化解衝突。

猴 VS. 羊　　配對指數 ♥♥

　　猴覺得羊不夠積極，羊則討厭猴做事太衝動，雙方比較適合當朋友，若已結為夫妻，就要多看對方的優點，相處起來才會更融洽。

猴 VS. 猴　　配對指數 ♥♥♥

　　當屬猴的兩人相遇，就像在玩捉迷藏，很難猜到對方的心意，若雙方都不降低姿態互相示好，關係很可能會生變。

猴 VS. 雞　　配對指數 ♥♥♥

　　猴很容易愛上一個人，雞則對愛情充滿幻想，雙方一拍即合，不過因為兩人個性都比較多疑，所以常發生矛盾，要學會互信才行。

猴 VS. 狗　　配對指數 ♥♥♥

　　情場高手的猴，即便使出渾身解數也難以征服狗，因為狗實在不懂情調，常常無法理解猴的浪漫，因此要多點耐心，互動才會變好。

猴 VS. 豬　　配對指數 ♥♥

　　猴的自私行為常讓豬看不慣，猴也認為豬沒有企圖心，兩人的個性差異很大，如果要共組家庭，就要有更大的包容心。

猴的愛情風水配置法

- 開運色：白色
- 開運物品：心形相框
- 開運植物：百合花

單身貴族的幸運愛情風水布置：

單身很久的朋友，若希望對的人早日出現，參加喜宴時可向新人拿七顆喜糖，沾沾喜氣。記得找一個紅色或粉色的置物盒來裝這些喜糖，並放在床頭櫃或梳妝台上，七天後才可以將喜糖吃掉，讓桃花快快到來。

促進感情和樂的風水布置：

夫妻之間感情要好，風水布局可不能少，建議最好掛上象徵圓滿福氣的畫作，或是氣氛甜美的圖案，才能讓感情越來越好，互動更熱絡喔！

10. 雞的個性特質、與各 生肖的愛情配對關係 及幸福風水布置法

熱情的雞先生

雞先生好動有活力，工作認真有效率，而且擁有出色的社交手腕與敏銳的觀察力，不但常在社交場合出盡風頭，也很容易在短時間內博得他人的信任。他很有服務熱忱，也重視他人的感覺，會因服務對象的正面回應而開心，但他自尊心很強，如果能摸清楚他的性格，適時給予掌聲，就能相處愉快。

雞先生的缺點是，對於瑣碎的雜務很容易出錯，缺乏耐心一點一點完成。除了這個缺點外，他還很容易察覺到異性的桃花電力，常莫名其妙地陷入三角戀情中，讓自己背上罵名。

屬雞的男士對愛情及伴侶抱持美好的幻想，對於擁有水靈靈的仙氣、優雅的美女完全沒有免疫力。談起戀愛很容易隨遇而安，也非常重感情，只是有時意志不太堅定，看到美女從身邊走過，還是會忍不住回頭，得花些心思拴住他的心。

如何征服雞先生？

1. 社交生活熱絡的雞先生，會賺錢但更會花錢，如果要長久相處，就要幫助他克制物欲。

2. 雞先生太常注意美女而讓你不安的話，可以有意無意地認識他的親

朋好友，讓大家知道你們正在交往，除了藉此更了解他之外，也讓更多眼線幫你盯場。

執著的雞小姐

雞小姐是理想主義者，對自己要求極高，想將每件事情都做到盡善盡美。不過她追求完美的方式是嚴以律己、寬以待人，所以不需擔心被她苛求，而且她還是寬容的好上司、好夥伴，總能體諒別人的處境，為人著想。雞小姐的貼心有時有點「雞婆」，雖然大家嘴上這麼說，但心裡其實是很讚賞她的，畢竟她會記得每位同事、朋友的生日，不厭其煩地精心策畫慶生會，也樂於發起聚餐活動，面對這樣的熱忱與活力，誰捨得嫌她「雞婆」呢？

屬雞的女孩很機警，而且自尊心強，所以容不得謊言，不夠誠心的人肯定會被她看破。不過，有時她也會多疑，如果你是愛許諾又不兌現的人，是會被她看輕的。

聽到女孩子個性多疑就退縮了嗎？那就可惜了，跟雞女孩在一起很風光，她不但會把自己打扮得漂漂亮亮，也會把她的男伴打理得俐落瀟灑。她可以為了你變得樂於下廚，讓你大啖美食；每逢你生日她可能還會特別舉辦派對，可適度叮嚀她節省一點，才是真的愛護她。

如何征服雞小姐？

1. 跟雞小姐談戀愛，浪漫的舉止永不嫌多，對話裡再多的修辭也不嫌肉麻，尤其在她脆弱的時候，最無法抗拒偶像劇式的甜言蜜語。
2. 浪漫雖然使雞小姐傾心，但真心誠意的承諾才是雞小姐真正看重的，唯有堅定的誓盟，才能讓她義無反顧、從一而終。

雞與各生肖的愛情配對關係

雞 VS. 鼠　　配對指數 🖤 🖤

自由奔放的鼠常被雞管得很無奈，容易常起爭執，雙方都必須學習平心靜氣地檢討，愛情生活才會平穩。

雞 VS. 牛　　配對指數 🖤 🖤 🖤 🖤

踏實的牛帶給雞滿滿的安全感，雞的社交活力則剛好把牛哄得服服貼貼，雙方都能安心，愛情自然穩定。

雞 VS. 虎　　配對指數 🖤 🖤 🖤

虎的權威感往往讓雞綁手綁腳，雞活躍的性格也讓虎難以安心，若想感情穩定又甜蜜，請多看看對方的優點。

雞 VS. 兔　　配對指數 🖤

善於言詞的雞與感情豐富的兔很容易一拍即合，但兔很快就受不了雞愛管閒事，雞也覺得兔並不安於這段感情，彼此需多溝通與相互理解。

雞 VS. 龍　　配對指數 🖤 🖤 🖤 🖤 🖤

雞傾心於龍的英雄氣概，龍也因雞的慧眼識英雄而滿心歡喜，彼此很能惺惺相惜，追求完美愛情的共識，讓兩人默契十足。

雞 VS. 蛇　　配對指數 🖤 🖤 🖤 🖤

蛇的浪漫個性很能滿足雞對愛情的幻想，而雞的體貼也讓蛇暖進心坎裡，因為種種特質都能互補，是很能溝通問題的一對。

雞 VS. 馬　　配對指數 🖤🖤🖤

相較活潑樂觀的雞，馬的愛情觀顯得保守，兩人氣味雖不甚相通，若能有技巧地邀請對方共享浪漫氣氛，可延長感情的新鮮感，進而長長久久。

雞 VS. 羊　　配對指數 🖤🖤🖤

細心溫柔的羊與風趣幽默的雞，彼此很欣賞對方的優點，如果不計較得失，感情將能融洽長久。

雞 VS. 猴　　配對指數 🖤🖤🖤

雞常自以為了解能言善道的猴，其實被耍得團團轉而不自知，時間一久，難免因受騙而心生不滿，最好及早協調，以免積怨。

雞 VS. 雞　　配對指數 🖤🖤

當兩隻對愛情既期待又怕受傷害的雞碰在一起，往往兩方都不敢主動，但都不主動出擊的話，感情很容易就淡掉了。

雞 VS. 狗　　配對指數 🖤🖤

雞風趣的言談對狗而言多是無稽之談，難以共鳴，得不到回響的雞碰壁碰久了總會鬱悶，如果沒有培養共同興趣，愛情的火花便容易熄滅。

雞 VS. 豬　　配對指數 🖤🖤🖤

善解人意的豬與好口才的雞，以各自的特質填補對方心靈的缺口，不過面臨經濟壓力時，需要多一點努力，愛情才能通過考驗。

雞的愛情風水配置法

- 開運物品：銀色
- 開運色：圓形鬧鐘
- 開運植物：海芋

單身貴族的幸運愛情風水布置：

如果覺得桃花運不太好，可以先看看住宅西南角是否有缺角或裝潢破損，整修完成後，也可以在這個角落擺設鮮花或薰香，催旺停滯的桃花運。

促進感情和樂的風水布置：

敏感多情的雞容易因為一點點風吹草動就緊張，怕小人也怕小三，偏偏雞的「警報雷達」又無比敏感，比其他人更容易疑心生暗鬼，但天天被枕邊人質疑，誰受得了呢？如此一來，向外尋找慰藉的可能性就更大。此外，家中若擺放過多玩偶，容易招小人，破壞感情和諧，也會敗壞運勢。

11. 狗的個性特質、與各生肖的愛情配對關係及幸福風水布置法

內斂的狗先生

狗先生的責任感很重，既守信也重名聲，個性主動積極有幹勁，給人沉穩的感覺，可委以重任。他們的學習能力相當優秀，也非常有智慧，對事物的洞察與分析都非常透徹，只可惜表達能力與社交手段不夠犀利。面對愛情，狗先生顯得若即若離、難以捉摸，因為他們不太主動邀約，對於他人的邀請也只簡單應聲好，被動得令人以為他不願意受邀，殊不知，他其實內心雀躍不已。

屬狗的男人從不浪漫，編織不出甜言蜜語，更不可能像偶像劇男主角般「壁咚」強勢告白，生活中的種種不體貼，永遠抱怨不完：購物時絕不會想到要幫忙提重物，總要旁人提醒才會意識到；逛街時也自顧往前衝，完全不會走慢一點等候穿高跟鞋的女伴……。木訥少言的他，還有另一個問題，就是不愛吐露心事，總把挫折、焦慮放在心裡，不但不讓家人知道，甚至常常熬出心悸、頭痛等毛病。

狗先生不玩華而不實的把戲，只把精力集中在家庭，將一生一世全交給心愛的女人，這輩子只做她最忠誠的伴侶，孩子們最強大的後盾。

如何征服狗先生？

1. 不要常抱怨他不浪漫、不體貼，溝通應簡潔扼要，最好三句話就結

束，言歸於好的同時可以順便敲他一頓大餐，幫勤儉的狗先生「加強記憶」。

2. 與其期待他學會讀心術，不如自己先成為溝通大師，清清楚楚地向他交代好你的需求，不再玩猜謎遊戲，就不會為他的反應慢生氣。

質樸的狗小姐

　　狗小姐天生一副好心腸，不做非分之想，也不愛裝腔作勢，而且正義感十足，總是仗義直言、為人打抱不平。天性踏實的狗小姐也討厭旁門左道，更不會好高騖遠，她認為真本事才是王道，所以喜歡用自己的方式，一步一腳印地學習技能、攻讀學位，離開校園以後，仍喜歡時時充電，學習新知。這樣單純而豐富的生活，就是她的幸福之道。

　　課業、技能都穩紮穩打的狗小姐，賺錢能力雖強，卻重義疏財，理財能力較弱。不過她歷練來的傲氣，可容不得你這麼指責她。

　　屬狗的女人對愛情的想法很天真，認為只要誠心付出，便可使愛情永恆。她不喜歡沉溺在飄滿粉紅泡泡的戀愛氛圍裡，走入婚姻後多半還會繼續工作，儘管身為職業婦女，她仍是個賢慧的好太太、有活力的女主人。不過如果吃定她死心塌地的個性，放膽在外面胡作非為、辜負她的一片癡心，等到她大徹大悟後，絕不會給負心漢絲毫挽救的機會。

如何征服狗小姐？

1. 溫柔的關懷就像掙不開的網，能將狗小姐孤寂的靈魂牢牢套住，關心的層面越細瑣，她就越覺得自己被理解。不過她很相信直覺，第一印象不好就沒戲唱了。

2. 外表固然重要，但才華洋溢的男生更令她無法招架，想要獲得她的青睞，就得多充實自己。

狗與各生肖的愛情配對關係

狗 VS. 鼠　　配對指數 🖤🖤🖤

狗對愛情的態度消極，容易讓鼠懷疑自己到底有沒有機會，但了解彼此的個性後，相處就會非常融洽。

狗 VS. 牛　　配對指數 🖤🖤

由於兩人都不善於表達感受，隨著時間的推移，心事容易越積越多，必須學著表達關心、解開疑慮，才能使愛情長長久久。

狗 VS. 虎　　配對指數 🖤🖤🖤🖤

虎強烈的占有欲恰恰能被狗的忠誠滿足，狗也喜歡虎無微不至的照顧，只要稍為強化生活情趣，感情生活就會很豐富。

狗 VS. 兔　　配對指數 🖤🖤🖤🖤🖤

兔的浪漫能打動狗的內心，狗的忠誠則令兔感到心安，兩人都能照顧到對方的感受，成為彼此的歸屬也就理所當然了。

狗 VS. 龍　　配對指數 🖤

不善表達的狗與健談的龍很難互補，當然也難以遷就對方，若無法彼此妥協，自然容易不歡而散。

狗 VS. 蛇　　配對指數 🖤🖤🖤

不浪漫的狗與幽默的蛇，話題常常沒有共鳴，交流難以持續進行，狗需要培養一點幽默情趣，感情才有發展空間。

狗 VS. 馬　　配對指數 ♥♥♥♥

雙方個性相似，因此容易協調，只是兩人對感情都比較被動，需要積極一點，彼此才熱絡得起來。

狗 VS. 羊　　配對指數 ♥♥

個性平靜的羊與沉穩少言的狗，雖然個性相似，但溝通能力都不強，愛情生活容易顯得單調，需多用心經營才能長久。

狗 VS. 猴　　配對指數 ♥♥♥

踏實的狗覺得猴不切實際，高雅的猴則覺得狗有點無趣，是較難擦出火花的一組，但實際相處後可能會發現彼此的互補之處。

狗 VS. 雞　　配對指數 ♥♥

雞對愛情有許多浪漫的幻想與期待，腳踏實地的狗很難滿足這些願望，若狗能再熱情一點，感情便會充滿浪漫與趣味。

狗 VS. 狗　　配對指數 ♥♥♥

相處上雖然吵吵鬧鬧，但並不影響兩隻狗的好感情，只要有心溝通，關係反而會越吵越好，是細水長流的組合。

狗 VS. 豬　　配對指數 ♥♥♥

狗覺得豬的天真浪漫相當可愛，豬則喜歡狗謙遜的態度，彼此欣賞的兩人，吵架機會不多，若能製造點驚喜，會使生活更加甜蜜。

狗的愛情風水配置法

- 開運色：紅棕色
- 開運物品：絨布毯子
- 開運植物：跳舞蘭

雨揚老師親筆繪製的畫作《富貴天香》。

單身貴族的幸運愛情風水布置：

　　期待春天快點來臨，不如在客廳裡放一盆粉紅色的鮮花，為家中添上一筆春色，有助招來好桃花。在臥室內掛上牡丹畫，也能增進異性緣。

促進感情和樂的風水布置：

　　與狗情人相處產生問題時，不如先換掉餐廳的燈飾。餐廳是家人團圓之處，燈光必須明亮而柔和，讓圍繞餐桌而坐的人，不會因為刺眼的燈光而煩躁；穩住氣氛後，可以再用鮮花或香氛蠟燭，強化餐廳的浪漫氛圍。在輕鬆又舒適的環境下溝通會更順利。

12. 豬的個性特質、與各生肖的愛情配對關係及幸福風水布置法

浪漫的豬先生

　　豬先生天生愛幻想、重情調，有著極佳的耐性，同性或異性緣都好得離譜，因為他們總是笑臉迎人、和藹可親，是值得交往的朋友。豬先生談起戀愛非常浪漫，又懂得生活情趣，不惜花費重金製造愉快的氣氛。不過，太過率真的性格，會讓缺點赤裸裸地呈現出來，容易嚇跑對方，可惜豬先生往往沒有察覺，就在他自以為瀟灑的同時，女友早已悄悄離去。

　　屬豬的男人渴望一份穩定的歸宿，所以常天真地付出所有感情，即使經濟大權在女友手上也甘之如飴，從不計較。當豬先生愛上一個人時，便會展現大男人作風，想要徹底保護他的女人，供應一切經濟所需，以示他的負責，就算戀情消逝了也無怨無悔。

　　其實他們要的並不多，對女友的條件要求也不算太高，而且專情、體貼又浪漫。只要認定了，就會付出一切，就算剛認識不久，他也會把你當老婆疼，心甘情願地掏錢包，無止盡地對你好。如果愛上豬先生，請好好珍惜，別隨便傷他的心。

如何征服豬先生？

1. 豬先生較不看重錢財，若能幫他建立理財觀念，例如：何時買房、何時出國等，會讓他更依賴你。

2. 適時地勸他把心思放在事業上，生活實際一點，不要好高騖遠、天馬行空，以踏實為考量，才不容易受騙。

浪漫的豬小姐

豬小姐心地善良、樂觀、活潑，純樸而不追隨流行，直率又不做作，隨時隨地散發出自然、親切的溫柔，相處起來舒服又自在。她個性天真爛漫，常讓人覺得不夠精明，甚至會被人利用。但這不代表她不夠聰明，而是用退一步的哲學，爭取更大片的天空。她在感情方面有點保守，不會輕易說出心中的情感，不過一旦愛上了，就會堅定而勇敢地走下去。

豬小姐有點懦弱和感情用事，很惹男士們憐愛，甚至讓人想保護她。她雖然期待羅曼蒂克的愛情，卻不輕易展現熱情的一面，在喜歡的人面前甚至有些冷漠，讓人猜不透。此外，她非常重視家庭與親情，深諳良性互動的重要性，熱愛家庭聚會，但最大的致命傷就是不懂得拒絕親友，常一肩挑起過多的負擔，而破壞了優雅的生活品質。

和豬小姐結婚是很幸福的，因為她非常愛乾淨，會把家中整理得井然有序，讓你能安心地打拚事業。她可以為了你全心全意付出，不求任何回報，也會熱情地接待你的朋友，讓你在外人面前很有面子；在孩子面前，她是很有耐心的媽媽，會不厭其煩地回答孩子的問題，深受孩子們喜愛。

如何征服豬小姐？

1. 豬小妹覺得一顆真誠的心遠比物質條件來得重要，要讓她放心把自己交給你，就必須有責任感，和她一起承擔生活中的大小事。
2. 沒有安全感的她，很需要愛人不斷給予肯定，多說一些鼓勵的話，讓她覺得跟你在一起很快樂，就是踏出愛的第一步。

豬與各生肖的愛情配對關係

豬 VS. 鼠　配對指數 ♥♥♥

豬兒渴望有個溫暖的家，卻不會對鼠施加壓力，讓鼠感到很自在，而且兩人都講究生活品味，生活在一塊會很美滿。

豬 VS. 牛　配對指數 ♥♥♥

相較於牛的踏實穩重，豬就顯得不夠實際，凡事認真努力的牛，會讓豬產生壓力，但只要兩人有相同的興趣，就能解決相處上的問題。

豬 VS. 虎　配對指數 ♥♥♥♥♥

豬和虎是一對完美的組合，兩人一柔一剛，默契十足。豬對虎既愛慕又敬畏，總是言聽計從、百依百順，而虎對豬的善解人意深感窩心。

豬 VS. 兔　配對指數 ♥♥♥♥

你們都屬於與世無爭、安逸祥和的類型，相處起來十分融洽，只要一直保持溫柔體貼，生活定能幸福美滿。

豬 VS. 龍　配對指數 ♥♥♥

豬的天真善良，深深吸引著龍，而豬也對龍很欣賞，只是龍看起來很有距離感，若想更進一步發展，需要多花一點時間互相了解。

豬 VS. 蛇　配對指數 ♥

過於神祕冷靜的蛇，令豬捉摸不透，而豬的直言不諱，也讓蛇倍感壓力，如此截然不同的性格，若想交往，給彼此多一點空間會是較好的相處模式。

豬 VS. 馬　　配對指數 ♥♥♥

馬很欣賞豬，但是對豬不切實際這點無法苟同，而豬對馬的遲鈍及欠缺浪漫也有些微詞，如果想要發展感情，需要再多一點耐性。

豬 VS. 羊　　配對指數 ♥♥♥♥

你們的個性互補，又懂得互相珍惜，彼此都能夠妥善照顧對方，並且嚮往溫馨浪漫的家庭生活，記得把關心說出來，感情會更好。

豬 VS. 猴　　配對指數 ♥♥

兩人容易交往卻不容易交心，猴常常不自覺地傷害豬，讓豬倍感委屈，若想維持和諧的愛情生活，就要學習互相尊重與包容。

豬 VS. 雞　　配對指數 ♥♥♥

豬很佩服雞的社交手腕，卻討厭雞的不甘寂寞；雞欣賞豬不與人爭的個性，但不愛豬講話太直，不過只要能互相包容，還是能處得來。

豬 VS. 狗　　配對指數 ♥♥♥

豬喜歡狗的無私和善良，狗也很欣賞豬的天真和溫柔，兩人相處起來不容易吵架，只要豬對狗的要求不要太嚴格，感情就能更穩定。

豬 VS. 豬　　配對指數 ♥♥

彼此興趣相投很談得來，不過相處久了會發現個性太相似，兩人都愛幻想重情調，少了互補作用容易產生危機。

豬的愛情風水配置法

- 開運色：天藍色
- 開運物品：雲朵床罩
- 開運植物：鬱金香

單身貴族的幸運愛情風水布置：

單身很久了嗎？想要快點找到好對象，可以多穿亮色系的服飾或佩戴配件，例如：白襯衫、黃絲巾、花色領帶，對於增加異性緣很有幫助；或在臥房的床頭櫃擺放玫瑰花樣的裝飾品，再拿一張紅紙條寫上「希望遇到理想對象」，摺好壓在裝飾品下，好桃花很快就會到來。

促進感情和樂的風水布置：

和豬情人相處，除了要多溝通、協調之外，還要時常鼓勵對方，會讓感情更升溫。想祈求感情穩定的豬兒，可找一個粉色的心形相框，放一張兩人的合照，或一起去刻個粉晶開運印章，讓愛情得意、生活順心。

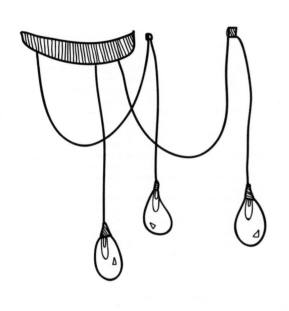

Part 3

開運愛情 Q&A

第 5 章

擁有真愛的訣竅——
雨揚老師的心靈解藥
及愛情開運小祕方

愛情故事之所以迷人及被千古傳誦，原因就在於它的多變、浪漫及不可捉摸的特性。無論是少年情懷、情竇初開、一見鍾情或黃昏之戀，每個愛情故事都是獨一無二的，從西方的《羅密歐與茱麗葉》到東方的《梁山伯與祝英台》，浪漫中帶著淒美，甜蜜中帶著苦痛，不同的時空背景及人物樣貌，組合成千變萬化的動人情節。

　　成功的愛情背後一定有許多原因，「信念」就是其中非常重要的因素，要積極相信自己及懂得愛人，也值得被愛，你的心裡就會產生一股強大的力量，幫助你形成無比的自信，創造出樂觀自在的磁場，吸引跟你同質性的對象。

　　除此之外，也有一些開運小祕方，能讓你更具魅力，招來好桃花。想要讓自己擁有一段幸福的戀情，可以從以下的案例及建議中，選取最適合自己的方式及開運 tips，為自己創造美好姻緣。

1. 如何求得好姻緣？

案例

　　二十六歲的嫻亞個性文靜，大學畢業後進入一家文具公司擔任業務助理，下班後就是回家追劇，鮮少參加朋友的聚會。迷戀韓劇的她，渴望擁有偶像劇中轟轟烈烈的愛情，然而現實中的她，卻連男友都沒交過，她滿心期待能遇到如同電視劇中浪漫溫柔的白馬王子，卻不知道何時才能等到愛神降臨。

雨揚老師的心靈解藥

　　很多人問我：「老師，該如何招桃花？」我覺得除了運用一些開運方式外，自己給別人的印象也很重要。如果你態度隨和，常面帶微笑，人緣也會跟著好起來；相反地，假使你經常表情嚴肅、心情沉重，別人跟你相處起來很有壓力，好姻緣很容易就跟著跑掉了。

　　我建議等待真愛的人，要先調整自己的心，讓自己變成一個姿態柔軟、散播正能量的人，有你的地方就有歡喜平和，每個人都樂於與你相交，自然而然就打開姻緣路，幸福也跟著降臨。

 貼心小提點：面帶微笑、保持善良的心，正能量能創造好姻緣。

愛情開運小祕方

1. 讓人第一眼就愛上你

　　人與人相見，第一眼感覺特別重要，若是一開始看得順眼或有一見鍾情的感覺，想更進一步發展就不難了。想要讓人第一眼就愛上你，千萬別忽略儀容裝扮。

開運 tips

男生：多注重儀容上的整齊清爽，衣著打扮以成熟穩重風格為主，能為你加不少分數。
女生：平常出門最好能上點淡妝，穿著打扮盡量以明亮粉嫩的色系為主，也可穿著粉色內衣，讓自己散發浪漫女人味。

　　國外科學研究發現，在擇偶行為上，氣味及嗅覺具有關鍵性的影響，所以要懂得適時以香氣增添自己的魅力，讓對方喜歡你的氣味，加上親切迷人的微笑，桃花運也跟著來。

2. 用戒指圈住你的姻緣

　　想招桃花、求姻緣的人，千萬不能小看戒指的妙用，若使用得當，可為你招來美好戀情。

開運 tips

1. 選一個金質或銀質的戒指。
2. 男生戴左手、女生戴右手，象徵在冥冥之中圈住未來的伴侶。

3. 每根手指代表著不同的指引和能量，讓你戴出不同的好運。食指：接收與連結天地間的能量，屬於開創和吸引的作用力。中指：代表心想事成，自信擁有的能量，屬於滿足、穩定的作用力。無名指：擁有積極行動、歡喜耕耘的能量，屬於無限擴展與延伸的作用力。尾指：預防負面能量入侵，屬於守護、轉化的作用力。

3. 布置愛的天羅地網

當遇到一個好對象又不想讓對方離開時，你可以布置一個天羅地網的風水格局來拴住他的心。還沒有對象的人，也可以利用這個方式來強化本身的戀愛磁場，招來好桃花。

開運 tips

1. 室內建材布置成同一個色系，若地板的材質是大理石，記得要鋪上地毯，有助於磁場轉換，網羅到好對象。
2. 可以使用粉色系的帷幔，懸掛在床上當做桃花帳，並在桃花帳的四個角落各打一個結，象徵抓緊桃花，增強姻緣。
3. 若想獲得姻緣，房間應盡量避免用米色、黃色或金色系的布置，因為這些色系表示滿意現況，且較不在乎另一半是否陪在身旁。女生可以將房間的床罩、床墊、壁紙、窗簾及床邊地墊，採用粉紫色或粉紅色，或玫瑰花圖案的布料，會很有幫助。

粉紅色系的牆壁，有利於招桃花。
（圖片提供：摩登雅舍室內設計）

4. 擺玫瑰花招來好姻緣

期待擁有疼惜自己、愛護自己、共享心情的人，卻遲遲不見蹤影怎麼

辦？不要擔心，以下小祕方，可以為你增添好機緣。

開運 tips

1. 在桃花吉時（即每個農曆十五日月圓的子時，也就是半夜十一點至一點）進行開運步驟。
2. 在臥房的西南方擺放一個插了三朵無刺紅玫瑰的花瓶，召喚桃花能量。
3. 凋謝或腐敗的花容易引來不好的桃花，所以花朵一枯萎就要馬上清理掉，然後把花瓶收起來，這樣才不會招來一堆爛桃花。

5. 選對房間，人見人愛！

眼看身邊的人不是成雙成對，就是早已踏入婚姻，只有自己還孤家寡人或小姑獨處，不用羨慕別人，只要看看自己的房間是否選對方位，選對了，緣分很快就會到。

開運 tips

1. 若家中有男性想快點娶妻或交女朋友，建議可以選擇位於東方的房間當臥房，這樣很快就能如願以償。
2. 若家中有女性嫁不出去或想找男朋友，可以選擇東南方的房間當臥室，這樣很快就會有好消息了。
3. 想結婚的人，可以和家中已婚的人交換房間，對催姻緣也有幫助。

2. 如何讓戀情保溫？

案例

琪琪與男友交往兩年，剛交往時，男友對她熱情如火，但現在卻平淡如水，讓琪琪一直覺得男友不夠愛她。她嘗試想改變現狀，恢復熱戀時的甜蜜，卻不知道從何著手？眼看馬上就要三十歲了，讓她不時懷疑對方究竟是否為今生的真愛，到底要不要跟他步入結婚禮堂？

雨揚老師的心靈解藥

不少女生在面對結婚的時候，總是心有千千結，畢竟婚姻是一輩子的大事，多考慮一點總好過盲目地步上紅毯，萬一婚後才發現有問題就來不及了。在某些層面上，女生在乎的事情跟男生不同。有些女生很需要被寵愛的感覺，希望對方時時刻刻以自己為主，宛如連續劇中的女主角，但對較木訥的男生而言，卻不容易做到。

即便如此，不代表對方就不愛你，也不見得對方是不值得依靠的對象。發現自己的愛情轉淡時，其實有很多方式再回溫，例如兩人一起回到最初相戀時的地點走走，感受曾經擁有的悸動。此外，也要明白不管是戀情還是婚姻都需共同經營，沒有誰是主角誰是配角，必須彼此不斷協調溝通，才能擁有長久的關係。

貼心小提點：一段健全的關係沒有誰是主角、誰是配角的問題，平等且良好的溝通，能讓愛情常保甜蜜。

愛情開運小祕方

1. 花瓣泡澡，讓心情更加浪漫

　　戀愛中的男女，看什麼事情都充滿美麗繽紛的色彩，但隨著時間的推移，兩人的愛情溫度也跟著下降，想要維持甜蜜戀情的高溫，永保新鮮，試試以下的開運 DIY，可讓戀情更順遂。

 開運 tips

1. 利用象徵甜蜜或別具意義的日子，像是七夕、西洋情人節或晴朗的月圓之夜、兩人的紀念日等，可為此方式增加更多能量。
2. 挑選同色系或粉色的完好玫瑰花朵，並找一個可飄浮在水上的盤子，將玫瑰花或玫瑰精油蠟燭擺放在上面。
3. 選擇桃花時辰來泡桃花澡，吸收玫瑰的戀愛能量，增加桃花運、改善戀愛磁場。而桃花時辰為：子時（半夜十一點至一點）、午時（中午十一點至一點）、卯時（早上五點至七點）、酉時（傍晚五點至七點）。

2. 重灌愛情的驅動程式

　　相戀了好幾年，對方的一切都不再令你有感覺了嗎？結婚之後，柴米油鹽的話題，占據了你們原本的心靈溝通嗎？想讓感情重燃愛火，可嘗試以下這個讓熱情持續沸騰的小魔法。

開運 tips

1. 買個心形或有花邊的相框，顏色請挑較明亮的色彩，如粉紅、粉橘、桃紅色等。

2. 放入兩人的合照，男生可將相框放在床頭櫃的右手邊，女生則放在左手邊。此外，甜蜜的合照要常更換，同一張照片最好不要擺放超過一年，這樣才象徵兩人的感情日日新鮮。

3. 如何防止戀人劈腿?

案例

　　初出社會的燕燕一進入這家公司服務後,就被高大帥氣的男同事少廷迷倒了,她處心積慮地接近他,果然獲得他的回應,兩人隨即陷入愛河。正當許多女生羨慕燕燕找到白馬王子之際,她卻發現少廷經常沒事跑到一旁滑手機,加上不時聽到其他同事說少廷很有女人緣,出門跑業務時常與異性客戶嬉鬧聊天,搞得燕燕心神不寧,不知如何才能鎖住少廷的心。

雨揚老師的心靈解藥

　　很多人都有這樣的經驗,與一個異性緣很好的對象交往後深怕失去對方,長時間處於不安全感中,疑神疑鬼,戀愛談得好痛苦,最後只能分手收場。其實最初在選擇對象時,就應該要思考自己要的是什麼,如果只是因為對方外表出色,而不是基於更深的了解,熱戀期過後,往往就是矛盾浮現的開始。

　　異性緣佳的人未必就一定會花心劈腿,過度地懷疑對方,反而會讓戀情提早告終。也許你需要的不是緊盯著對方,而是增強自信心,如果你很肯定自己,也自覺條件不差,就不會擔心對方跑掉。其實只要一個人懂得愛自己,就會變得更有魅力、更迷人,人緣自然更好,對方也可能會更愛你,你也不會患得患失了。

　　假使對方真的是個花花公子,也就不值得你愛了,早點認清事實,不浪費時間,對你的人生會更有幫助。

愛情開運小祕方

1. 套牢脫韁野馬，讓情人靠岸！

你的情人是讓你傷透腦筋的脫韁野馬嗎？你想征服他那顆漂泊不定的浪子心嗎？那麼快試試這個「讓情人靠岸的小撇步」，能讓你的情人從此定下心來。

 開運 tips

1. 將對方穿過的衣服與自己的衣服疊在一起，壓在床單下睡覺，象徵壓制情人漂泊不定的心，讓對方願意安定下來。
2. 可以買一對手錶、戒指、福袋或任何成對的飾品，自己先隨身攜帶四十九天後，再將其中一個送給對方佩戴，這樣能令對方的心向著你。另外，這些事情都要祕密進行，如果透露給他人或是自己的另一半，較不容易成功。

2. 就是讓他不花心！

單身時羨慕別人出雙入對，希望有情人陪在身旁，等到真的有情人時，卻又害怕對方變心離你而去，談戀愛真的那麼辛苦嗎？想讓情人不花心可試試這個小祕方。

 開運 tips

1. 常向對方表達愛意，讓對方清楚明白他在你心中的分量，愛的能量讓他減少在外面拈花惹草的機率。

2. 與心愛的他一起喝花草茶，享受香氣之餘，也能放鬆身心，增進彼此的感情。

3. 植物的藤蔓會影響一個人的桃花，如果家中陽台或庭院花草的藤蔓已經爬出去，要趕快修剪，才能預防情人用情不專。

4. 如何提升自己在情人 心中的地位？

案例

　　珍珍與初戀男友阿強交往已經七年，個性柔順的她，總是迎合對方的喜好，只要是男友開口的事情，她都盡力達成。然而身邊的閨蜜卻認為她在阿強的心目中毫無地位，總是被他呼之即來揮之即去，當阿強想要跟哥兒們廝混時，甚至會不接珍珍的電話，讓她找不到人。

　　另外，當阿強工作時，珍珍也不能打擾他，時間一久，珍珍不免懷疑阿強不夠愛她，一直思索該怎麼提升自己在男友心中的地位。

雨揚老師的心靈解藥

　　熱戀期過後，每對情侶都會面臨如何溝通及相處的問題，如果在一段關係中，你老是有種被不公平對待的感覺，就一定要向對方傾吐，讓對方正視你們的關係，假使你一直維持表面的和平，但內心其實並非真正接受彼此相處的模式，時間拖久了，很有可能在某一天爆發，釀成分手的局面。這樣的結局如果不是你想要的，那從一開始就不要逃避，坦誠溝通，對彼此才有幫助。

　　其實不論性別，有些人天性較不敏感，需要別人直白地告訴他究竟出了什麼問題，才會去面對跟解決。如果你面對的是這樣的情人，就更需要把心中的想法說出來，才是最有益的相處模式。

貼心小提點：坦誠說出內心感受，不逃避問題，讓彼此互動更為良性。

愛情開運小祕方

1. 趕走另一半的壞脾氣

　　你的愛人有火爆的壞脾氣嗎？他總是動不動就惡言相向，或是習慣性地歇斯底里，讓你大嘆吃不消？現在就教你如何趕走愛人的壞脾氣。

1. 若是因壓力而造成體內火氣大，建議多喝薏仁水或陰陽水（半冷半熱的開水，加上一點鹽），可以紓解壓力、降火氣，讓你的愛人變得溫柔和緩，減少大動肝火的頻率。
2. 若是另一半的脾氣不好，可建議對方在家裡的玄關擺放金色的龍形擺飾，或是找一個造型漂亮的大容器裝七分滿的水，在水上擺放漂浮的蠟燭或花朵；因為在玄關處設置水循環的擺飾或造景，能使火爆脾氣降溫。
3. 因為賀爾蒙失調而常對另一半發脾氣的人，可以聽從醫師建議吃中藥調理體質，排除體內淤滯的肝火，改善暴躁的壞脾氣。

2. 不要再叫我苦情花

　　你的生活就像八點檔的劇情一樣，令人一把鼻涕一把眼淚嗎？你總是在丈夫、情人面前抬不起頭，尊嚴盡失嗎？下面教你如何揮別苦情，招來甜蜜的幸福感。

1. 女孩子可以上些彩妝、戴些珍珠或黃金飾品，且每個月固定上美容院一次，替自己換一個新的造型或是修剪頭髮，讓整個人煥然一新，便能開展愛情運。

2. 建議多跟大自然接觸，讓全身充滿靈氣，尤其是一月分的梅花期、二月分的櫻花期、三月分的桃花期，多上山賞花，桃花人緣也跟著朵朵開。

3. 在家中餐廳擺牡丹花畫作，因為餐廳是家中的財庫，牡丹花又是花中之王，在畫旁設計投射燈光，感覺更溫暖有福氣。

3. 如魚得水的愛情生活

你的另一半是愛發號施令的太上皇，而你總是扮演聽話的小婢女嗎？以前你為了感情可以犧牲奉獻，但現在突然覺醒，開始懷念起想怎樣就怎樣的自己，該怎麼辦呢？想在另一半面前保有自我，可看看以下妙招。

開運 tips

1. 在客廳靠陽台的那面牆邊擺放小魚缸，裡面養一些日光燈魚、幾株水草，然後放入五色石（綠、紫、黃、白、黑），能讓你的另一半比較尊重你，願意給你一些自由的空間。養魚最好要養吉祥數字，像是六、八、十都不錯，若有魚死了，要立即補換新魚。

2. 平時別忘了多自我充實，除了不斷進修學習外，也要多打扮，讓自己更有魅力，活出自我的特色及風格。

5. 大老婆該如何自救？

案例

　　茜茜的老公事業非常忙碌，時常加班應酬，還常找藉口說要上酒家談生意，每次都要喝到不醒人事才由同事送回家，而他的襯衫、臉頰上也常有女人的口紅印。每每想到老公愛逢場作戲，總讓茜茜生悶氣，心頭過不去時，就會忍不住向閨蜜哭訴，她渴望能穩固大老婆的地位，老公也不再拈花惹草。

雨揚老師的心靈解藥

　　確實有些女人會在婚後遇到老公愛在外頭花天酒地，自己卻獨守空閨的狀況。如果你恰好有這樣的老公，對他的行為感到不滿，建議你誠實地將自己的心情告訴對方，並請他重視你的感受，畢竟婚姻是一輩子的事情，需要不斷地溝通，調整彼此的腳步。

　　可以嘗試與他共同經營相同的興趣，讓他習慣與你分享交流，或者可以共同去上心靈課程，以及擁有相同的宗教信仰，慢慢轉變對方的習氣，讓你們的互動更為良性，婚姻關係自然也會更加穩固。

 貼心小提點：相約一塊上心靈成長課程或培養共同興趣，會成為關係轉變的契機。

愛情開運小祕方

1. 沒收另一半的黑桃花！

　　好不容易在一起了，卻還要擔心另一半身邊的鶯鶯燕燕嗎？或是終日像偵察機一樣，只要對方一接電話，你就豎起耳朵，怕他出軌，這樣的生活久了不累嗎？

 開運 tips

1. 在床頭邊放一個葫蘆形狀的裝飾品，象徵收服爛桃花。
2. 買一個黃金材質的葫蘆戴在身上，若能搭配紫水晶更佳，可以減少對方在外出軌的機會。
3. 紫水晶具有穩定的能量，長期佩戴可以穩定自身的磁場，讓心不隨意浮動。

2. 背叛，不要再找上我！

　　面對親密愛人一再地背叛，你除了傻傻地等他回頭外，還能做些什麼呢？快來試試這個能挽回情人的小妙招，幫助你們找回最初那份甜蜜真摯的感情。

 開運 tips

1. 另一半如果有精神外遇，將床墊拉起來，在枕頭的位置放置一條紅線，象徵將兩人的思緒牽在一塊，彼此更同心。
2. 假使另一半外遇想離開，而你想挽留這段關係，建議將床墊拉起來，在床板大約臀部的位置放一條紅線，這條紅線能增添他對你的眷戀。
3. 在臥室的正西方插一朵百合花、掛一幅玫瑰吉祥畫，或架一盞往上投射的燈，能使夫妻相處融洽，情感和睦。

3. 換個位置，命運大不同！

　　你在家中的地位越來越低弱嗎？其實只要動一點小手腳，就可以改變現狀喔！

開運 tips

1. 家中主臥房可以選擇在西南方，女主人的權力會比較大，也會比較勞碌，但好處是丈夫的心會比較穩定。

2. 房間是屬於女性的磁場，要時時保持房間明亮、乾淨，才能讓自己更有地位。睡覺時可以留一盞小夜燈，強化自身能量，較能順利招回老公的心。

3. 廚房是家庭主婦最常待的地方，若是油汙髒亂，表示女主人也不注重自己的門面，是黃臉婆型，很容易使丈夫失去感覺，要時時保持整潔，丈夫才不會覺得看得很厭煩！

廚房一定要保持整潔，可常保夫妻關係甜蜜。
（圖片提供：摩登雅舍
室內設計）

6. 如何求異國戀及遠距離戀情順遂？

案例

　　菲菲透過交友網站認識來自英國的他，兩人在網路上相談甚歡，感覺像是前世就相識的知音，當網友半年後，菲菲飛到英國探視他，兩人隨即陷入愛河。歷經一個月的熱戀期後，菲菲必須返回台灣工作，但她一上飛機整個人就陷入不安，開始揣想分隔兩地後，兩人的戀情是不是就告吹了？雖然他一直說有多麼愛她，也希望能跟她認真交往，但相隔兩地，要怎麼維繫這段感情呢？

雨揚老師的心靈解藥

　　跟來自異國的對象陷入戀情是很浪漫的事情，然而文化背景的差異，卻需要彼此不斷協調溝通，才能越來越契合。另外，如果你跟戀人分隔兩地，距離也會成為彼此的一大考驗，對方沒接到你的一通電話，或是沒有立即看訊息，是不是就會讓你胡思亂想？擔心對方是不是還有別的交往對象？

　　我覺得談異國戀或是遠距離戀情，都需要以成熟的態度來面對，兩個人的心態越成熟，越清楚對方就是自己的真愛，這種心靈相繫的力量，確實能征服時空差距。放下你的不安，如果對方真的是你命中注定的伴侶，這段情緣就會持續下去，不會因距離長短而改變。

愛情開運小祕方

1. 以花招花，讓桃花自動上門！

想要擁有好的異國戀情嗎？如何才能跨越文化及種族的不同，產生情愫呢？以下教你以花招花的桃花撇步。

開運 tips

1. 家中入門左右的對角線，大部分的人都知道是財位，其實那也是桃花位，平時可以在此處插上幾朵進口的鮮花，就可增加異國的桃花運，穩固愛情。

2. 多在家中點上天然的玫瑰精油，讓屋內充滿玫瑰的能量，這樣面對心儀的異性時，也能自然散發出誘人的香味，讓對方特別對你有好感。

3. 玫瑰是招愛情的花，自然擁有無限的桃花力量，所以在家中不時插上玫瑰，可以讓桃花運更旺，切記要時時保鮮，不可讓花枯萎了！

室內擺放玫瑰，可以增強愛情能量。
（圖片提供：摩登雅舍室內設計）

7. 姊弟戀該如何維繫？

案例

　　三十歲的佳雯離過婚，還帶著一個小孩，最近在朋友聚會上認識了條件不錯的男生，雖然小她九歲，兩人卻很談得來，不過關係遲遲沒有進展。原來佳雯因為年紀的關係而不敢答應對方的追求，即使對方不在乎外界眼光，她還是擔心身邊親友會反對，以及對方未來可能會後悔，所以把愛意壓下來，但內心深處卻也好想為愛再勇敢一次。

雨揚老師的心靈解藥

　　受到傳統婚姻觀念的影響，很多人認為男生的年紀要比女生稍長才好，但我卻不這麼認為。愛情本來就沒有標準答案，只要彼此相處得來，就是最美好的關係。而且，「熟女」的智慧與歷練，是年輕女孩模仿不來的，你的善解人意、堅強獨立、成熟體貼，一點也不輸任何人，反而會讓對方深深為你著迷。

　　再者，現代女性大多保養得宜，加上充滿自信心，不管你現在幾歲，都可以展現出屬於你的美麗。對於愛情，其實無須設限太多，如果緣分到了，就試著交往看看，人生這麼短，何必在乎外人的眼光，只要你們幸福快樂就好！

　　或許談場「姐弟戀」要有很大的勇氣，不過哪段戀情不是在冒險呢？我相信只要你想得到幸福，並願意為愛勇敢，幸福自然離你不遠了。

貼心小提點：多穿明亮、粉嫩色系的服飾，會顯得年輕又活潑，吸引到異性的注意。

愛情開運小祕方

1. 桃花福袋，讓他不愛你也難！

你和他的感情始終停在曖昧不明的階段，雖然這樣的心情又甜又酸，但還是希望戀情能早日明朗，不用再猜測對方到底喜不喜歡你，想要加速戀情發展，照著做就對了！

 開運 tips

1. 準備一個紅色的小袋子，裡面放入粉水晶、紫水晶各七顆及一顆珍珠（用紅線串起）。
2. 去月老廟裡求一張和合符或是紅線，一同放入袋中。
3. 在月老香爐前過火三次後隨身攜帶，就可以讓戀情快快明朗，不再你猜我猜。
4. 粉水晶能提升異性緣，招來好桃花；紫水晶能增進人際關係，處處廣結善緣，兩者力量相乘，能讓戀情順利開花結果。不過要注意，這個特製的愛情福袋，要有指定的專屬對象，效果會更好。

2. 增強桃花磁場，吸引對方注意！

想要讓心儀的對象注意到你，不再只是點頭之交嗎？除了本身要積極主動，還有一個小妙招，可以讓對方不得不正視你的存在。

在家中角落擺放天然的粉晶柱或水晶洞，就可以強化自己的桃花磁場，讓你在異性面前更亮眼出眾。若感覺桃花磁場較弱，可以將隨身佩戴的水晶手鍊取下，放在水晶柱或水晶洞上淨化後再佩戴，把不好的磁場轉換掉，招桃花的效果會更顯著。就像人需要靠補眠來充電，開運寶物也需要淨化，來達到更好的效果。

8. 剪斷爛桃花的祕招！

案例

沛珊的情人是典型的白馬王子，不但長相斯文、談吐優雅、脾氣也很好，對待身邊每個女孩都很溫柔，這點令沛珊很擔心，因為男友對誰都好的個性，容易吸引其他女生青睞。沛珊擔心當她不在時，會不會有其他女生來搭訕，要是男友又不懂得拒絕，讓第三者趁虛而入，這段戀情豈不很快就分手落幕？

雨揚老師的心靈解藥

愛情總是讓人歡喜讓人憂，愛不到時心裡難受，愛到了又擔心對方會移情別戀，如此複雜的心情，我想每個人都曾有過。不過，與其擔心對方太優秀被追走，或是害怕自己配不上，不如把專注力放回自己身上，讓自己成為更好的人，那麼對方也會為你著迷，甘願為了你放棄整片森林。

有自信的人，不會去縮小自己、放大對方，而是在談戀愛時，還保有原本的善良、樂觀、自信，就算對方很優秀，你也不用自卑，因為你也有無可取代的優點，對方才會愛上你。

你要相信自己值得擁有幸福，而不是擔心幸福會遠離，珍惜當下的愛，遠比未來後悔來得重要。況且，一段沒有信任的愛，不用第三者介入，早已不堪一擊；反之，只要你們感情夠深厚，我相信你所擔心的事情都不會發生，不安感也會跟著消失。

貼心小提點：走路要記得抬頭挺胸、縮小腹、背脊挺直，讓身形「挺」起來，人看起來更有精神，容易給人留下好印象。

愛情開運小祕方

1. 拔除眼中的桃花刺！

在聚會場合裡，有人對你的另一半放電嗎？或是經常看見有異性送禮示好？雖然心裡很不舒服卻無法表現出來，別擔心！想趕走愛人身旁的追求者，自然有妙招。

 開運 tips

1. 出門時幫另一半挑選深色系的衣服，或戴上黑框眼鏡，就能讓他的桃花旺不起來。（若想要讓另一半的桃花運減弱，應盡量避開粉色系，如紅色、粉紅色、桃紅色、粉橘色等較為明亮的顏色。）
2. 盡量避免在以下兩個時段讓情人與他人約會或是聚餐：午時（十一點～十三點）和酉時（十七點～十九點），連續七天，便可圍成一道自然的桃花障，保護你的情人不受到爛桃花的騷擾。
3. 明亮的顏色容易吸引異性目光，讓桃花運更旺盛，所以若要避免桃花過旺，或是擔心有爛桃花纏身，可以多穿暗色系的服飾。

2. 換個位置，把惱人的第三者趕出去！

就算情人是標準的乖乖牌，一再保證愛你不變心，但外面的誘惑這麼多，難免會擔心他被第三者糾纏，所以最好的方法，就是剪斷對方的爛桃花，讓第三者不敢輕易介入你們的愛情。

1. 家中沙發擺放的位置不可背對大門，若是沙發背門，很容易招來第三者的破壞，趕快換位置，讓隱藏的地下情無疾而終。

2. 若是家中的沙發顏色過於老舊、暗沉，請更換新的沙發套，並以明亮色系為首選。若能選擇搶眼又喜氣的顏色，有助於兩人的戀情維持高溫，讓對方沒有多餘的心思注意他人。

家中沙發宜選明亮色系，可以加強好運。（圖片提供：摩登雅舍室內設計）

3. 室內最好要維持明亮通風，如果很悶熱或是過於昏暗，會讓人不想待在那個空間裡，也較不易留住情人。

9. 如何讓自己看起來更亮眼？

案例

薇薇是十足的宅女，平常除了工作外就是窩在家中追劇，很少注意流行資訊，也不知道該怎麼打扮自己，常常無精打采，讓人看了就沒有眼緣，自然也沒有異性想親近。本來薇薇不太在意別人的看法，但隨著三十歲大關逼近，她開始想要結婚，卻連個男友都沒有。她很羨慕那些裝扮入時的女生，總是那麼亮麗、充滿魅力，每次一想到她就更自卑，苦惱自己究竟該如何才能更受歡迎，吸引異性的目光？

雨揚老師的心靈解藥

很多人問我平時如何保養，怎麼越看越年輕，其實我和大家一樣，每天都認真保養肌膚、維持運動習慣，除了外在的保養，我也不斷充實內在，並對生活懷抱希望，在正能量的薰陶下，散發出自信的光彩，使我看起來年輕又有活力。

每個女人都有美麗的權利，而美麗不僅僅是外表好看而已，保持樂觀自信，才是美麗的根本。我看過很多女生，也許第一眼並不會讓人特別驚艷，卻很耐看，讓人不由自主地想親近，人緣也相當不錯。

其實，想要美麗並不難，除了外在的好氣色，內心更要富足，讓自己看起來更年輕有活力；相反的，如果經常愁眉苦臉，走路畏畏縮縮、沒有

自信，整個人看起來黯淡無光，人緣多少也會受到影響。所以，從今天起開始改變，做個內外兼具的亮眼女人。

貼心小提點：臉是給人的第一印象，有了充足的睡眠，加上吃得健康及適度的運動，就可以擺脫壞氣色。

愛情開運小祕方

1. 放鬆心情，好氣色又開運

緊張又忙碌的工作，壓得你喘不過氣了嗎？每天都有一堆事情忙不完，心中充滿抱怨，負面能量不斷累積，你還有辦法微笑著面對生活嗎？小心氣色不好，可是會嚇跑追求者喔！

開運 tips

1. 將鼠尾草、檀香、茉莉三種味道的精油混合後，用來泡澡或薰香，能夠匯聚快樂能量，讓心情較開朗，提升自信心，讓你有勇氣去面對挑戰。有自信的人最美，整個人會變得更出色搶眼。
2. 泡澡或薰香都建議以七天為一個循環週期，因為連續做七天，快樂能量才能夠凝聚起來，進而形成一種助力，否則能量很快就會散掉，對你的幫助並不大。

2. 掛手機飾品，招來好桃花

你經常精神狀況不好，又容易感冒生病嗎？若是運勢像玩雲霄飛車，上上下下起伏不定，多少會影響到自己的桃花運。別擔心，找到一個好的手機吊飾，桃花又會回到你身邊。挑選吊飾時，材質最好選用礦物，如真水晶、鑽石、寶石和天珠等，除了能增添貴氣，更有趨吉避凶的正氣。

依照五行顏色選擇手機吊飾，可強化身體各個不同部位的器官：

木：以綠色系為主，可強化肝、膽功能。
火：以紅色、紫色系為主，可強化心臟功能。
土：以黃色、咖啡色系為主，可強化脾、胃部功能。
金：以金色、白色為主，可強化肺部功能。
水：以藍色、黑色為主，可強化腎部功能。

10. 如何跟婆婆及妯娌
好好相處？

案例

　　剛嫁到丈夫家的詩詩，很不習慣和婆家的人相處，深怕一個不小心就得罪了婆婆，不僅讓另一半夾在中間為難，自己的日子也不好過。所以，她做任何事都小心翼翼，但再怎麼好還是會有不周全的地方，有時也會因小事而被罵，讓她心裡感到很挫敗。她希望能和婆婆與小姑相處融洽，但到底要怎麼做才能和睦相處呢？

雨揚老師的心靈解藥

　　婆媳相處是夫妻婚後必然面對的課題，其實人與人相處是互相的，你對她好，她也會對你好，就算現在的關係不太好，但只要你願意先改變，兩人關係也會跟著變好。所以，不要總覺得婆婆在找碴，或許她只是不善於表達情感，但心裡還是關心你的。

　　雖然原生家庭不同，不過既然嫁進門，大家都是一家人，計較太多只會讓彼此不愉快，請把注意力放在好的事情上，多看看婆婆的優點，凡事將心比心，自然能減少紛爭。

　　其次，我想婆婆和媳婦都很關心下一代，與其對立，不如把目標放在一起完成某些事情，像一起做飯、挑選嬰兒用品，有了共同話題，相處就

變得容易多了。至於婆婆們，請珍惜這個得來不易的緣分，好好疼惜媳婦，她才會對你兒子好，你也才能無憂無慮，享受兒孫滿堂的福氣。

貼心小提點：嘴巴甜一點，多說好話，看到好的事情，不吝於讚美會更受到大家歡迎。

愛情開運小祕方

1. 清潔廚房，輕鬆化解和婆婆、妯娌的心結

每天為了家庭忙碌的女人們，想知道如何讓自己健康富足，又得婆婆、妯娌的疼愛嗎？其實只要用點心思改變廚房風水，就能讓你輕輕鬆鬆兼顧健康與好人緣。

 開運 tips

1. 在廚房擺放一小盆黃金葛，然後在盆子裡放一些五色石或水晶，利用五行相生的作用和水晶的正向能量，可以幫助女主人身體健康，人緣越來越好，財運也越來越旺。
2. 想要婆媳、妯娌間感情更好，你可以在冰箱上面留小紙條給婆婆或妯娌，寫一些貼心的叮嚀，再用色彩鮮豔的蔬果磁鐵把紙條黏在冰箱上，這樣不僅感情會變好，也能達到旺財的效果。
3. 在餐廳的牆上掛全家福照片、花卉畫，或是把餐桌收拾乾淨，擺上一盤漂亮的水果，能幫助家裡招來食祿與財富。再者餐廳跟廚房都是財庫，盡量不要堆放雜物。

2. 選對顏色，讓婆婆疼愛有加

若是婆媳之間相處得好，家庭氣氛也會更和樂，所以想要讓婆婆與自

己站在同一陣線，並對你疼愛有加，可以利用一些色彩元素，讓好感度提升。

開運 tips

平常多佩戴粉色的珍珠飾品，例如：珍珠項鍊、戒指或耳環，或用紅線串一顆珍珠，然後在兩邊各打一個結，再將珍珠與粉水晶一起裝進小錦囊裡，放在枕頭下，這樣你會越來越圓融，與婆婆和妯娌相處得更好。另外，也可以多穿一些粉色系的服飾，像是粉紅、粉黃、粉藍、粉綠都可以，然後講話語調要溫和有禮，這樣婆婆想不疼你也難。

11. 如何遇上同性真愛？

案例

軒軒是個受歡迎的女生，從小身邊的朋友都愛異性，但是她卻對異性一點感覺也沒有，反而當看見電視裡的女明星，會有心動的感覺，或是有漂亮的女生接近她時就會臉紅心跳，忍不住多看對方兩眼。後來她終於明白，自己喜歡的是同性女生；不過，遇到喜歡的人，她只敢以朋友的名義偷偷愛著，不敢向對方告白。

雨揚老師的心靈解藥

在我幫人算命的經驗裡，遇過不少同志來問感情事，聽過許多他們的煩惱和無奈。發展同性感情需要很大的勇氣，才有機會走在一起，但我認為每個人都有追求愛情、擁有幸福的權利。

不過，在追求愛情的同時，建議要先確認對方能否接受同性之愛，若對方喜歡異性，那麼就該放手祝福，抱持著就算當不成戀人，還是可以成為好朋友的心態來面對，才不會患得患失；反之，如果察覺對方對你也有好感，那麼就勇敢追求，不要被無形阻礙所困，讓愛情留下遺憾。

同性之愛也是愛，和異性戀並沒有太大差別，回歸到愛情的本質，談戀愛是兩個人的事情，只要真心相愛，一定能克服困難，擁抱屬於你們的幸福。

貼心小提點：用甜食供奉月老，例如：桂圓、紅棗、枸杞，能討月老開心，幫你找到好對象。

愛情開運小祕方

1. 顏色交錯法，愛人快快來！

擔心自己的人氣越來越下滑、明明條件也不差，為什麼沒有人愛？如果本身沒有太大問題，不妨看看是不是家中風水出了問題，導致人緣變差。其實，簡單運用顏色，就可以讓你擁有高人氣。

開運 tips

1. 為自己添購美麗的被單，最好是有花的圖案，且挑選不同的顏色，最好是粉色、紫色、紅色等浪漫的色彩。
2. 單數日可以選一種顏色的被單持續用七天，雙數日再換另一種顏色的被單用七天，這樣相互循環下，你的人氣很快就會上升。
3. 被單如果髒了，一定要趕快換起來清洗，若是置之不理，繼續睡在髒被單上，可是會影響你的人緣指數。

2. 蘿蔔招人緣，不信他不來！

新鮮蘿蔔不僅可以養顏美容，讓人氣色明亮，還有意想不到的妙用：招來好人緣。只要選對顏色，好對象可是一籮筐呢！

開運 tips

1. 在房間的西南方或書桌、梳妝台上擺一根紅蘿蔔。
2. 蘿蔔旁放些紫水晶及粉晶，二十四小時後把蘿蔔煮來吃，馬上就能有好的發展。

3. 蘿蔔擺放的位置不要太明顯，並且要成年的單身同性戀者擺放，
　才可招來好緣分。

3. 哪裡熱鬧哪裡去，緣分自己尋！

　　好想談戀愛，卻一直苦無好對象，然而身邊的朋友大多是異性戀者，同性戀的伴侶要到哪裡找呢？可試試下面的方法。

開運 tips

不管是在學校裡或社會上，都有一些提供同性戀者聚會、認識新對象的好場所，不妨多去參加，可加強同性戀情磁場，機會變多，也較能找到看對眼的另一半。若是常泡夜店或酒店等聲色場所，容易引來爛桃花纏身，損己又不利人，所以出入這類場所時要格外小心。

4. 動物招好緣，緣分千里一線牽！

　　個性太過害羞被動的人，無法將心中喜歡同性的祕密說出口，這樣能找到好對象的機會就會大幅降低，以下有一個風水小偏方，能幫你牽來好緣分。

開運 tips

1. 若是在同性戀情中扮演男性角色，可以在床頭櫃上放置青蛙造型的擺飾或玩偶，即可為你招來好緣分。
2. 同性戀情中的男性身分者，也可在身上佩戴自己本命五行的水晶飾品，女性身分者則可將自己本命五行的水晶飾品掛在皮包上，為自己旺桃花。

	生肖	本命五行晶石
木行	虎、兔	東菱玉、孔雀石、綠幽靈、葡萄石
火行	蛇、馬	粉晶、草莓晶、紅瑪瑙
土行	牛、龍、羊、狗	黃玉、黃水晶、虎眼石
金行	猴、雞	白水晶、白玉、鈦晶、硨磲
水行	鼠、豬	黑曜石、青金石、海藍寶、黑鈦晶

12. 如何談一段美好的
辦公室戀情？

案例

樺樺是新進的員工，剛進公司不久便受到主管的特別關愛，不管在人際關係上或工作上都很幫忙，私底下也經常請她喝咖啡，久而久之，她也對主管產生異樣的情愫。不過，她擔心對方只是單純關心下屬，而不是對她有意思，貿然告白只會讓場面變得尷尬，而且日後在公司也會常見面，所以她很煩惱，不知道該怎麼辦。

雨揚老師的心靈解藥

我們一天至少有八小時在工作，在這樣朝夕相處的環境下，很容易對一個人產生感情，他的一舉一動，無不時刻牽引著你的心，上班心情也因為他而上下起伏。不過，你還是要在不打草驚蛇的情況下，先試探出對方是否也對你有好感，再決定是否要更進一步發展，才不會影響到日後的工作氣氛。

辦公室戀情的優點就是有充分的時間觀察對方，透過職場上的相處來了解對方的為人，交往後才不會有太多問題，也不容易為工作上的事情吵架，還能互相激勵，一同進步與成長。

不過由於大部分的時間都膩在一起，多少會影響到職場上的互動，所以無論感情多好，都要留給彼此一點自由空間，並盡量做到公私分明，不

把私人感情帶到工作上，這段辦公室戀情才能走得長久。

貼心小提點：上班沒有精神時，泡上一杯玫瑰花果茶，能使你精神百倍，
更有魅力。

愛情開運小祕方

1. 招貴人，真桃花！

想要讓身旁相處已久的他對你有好感，或是讓曖昧關係有更進一步發
展？除了你本身的吸引力之外，還有一個身體上的小地方不能忽略，只要
搞定它，你的桃花馬上就能開花。

 開運 tips

1. 若是背部脊椎旁或膝蓋、手彎曲的地方有痣，一定要點掉，否則
   會擋住自己的桃花運。此外，過度的整型美容易破壞好運，但如
   果是不好的痣或眉毛有太多雜毛，記得修飾一下，因為它的存在
   會破壞好運，適度美容後更能添好運。
2. 將不好的痣點掉之後，等傷口完全癒合了，再洗個玫瑰花瓣澡或
   玫瑰精油澡，祈求愛情快快到來。

2. 招好姻緣就靠它！

辦公室是除了家裡以外，每天待最久的地方，與同事相處久了，難免
容易產生好感，若是想要吸引對方的目光，有一個小妙方不妨一試！

 開運 tips

1. 先在紅紙上寫自己的生辰八字，再將對方的生辰八字寫上，然後

用它包裹適量的桂圓，將這包桂圓放置三天之後，再打開來煮成甜湯，讓自己與對方都喝下去，連續喝三天，相信很快就會有好消息。

2. 在粉紅色的紙上畫兩個部分重疊的愛心，重疊的地方用粉晶印章蓋上自己的名字；上述步驟必須重複四十九次，然後將這張紙隨身攜帶四十九天，再放到枕頭下，能幫助你與另一半的感情越來越好。沒對象者也可藉由此方法，早日遇見心中的理想伴侶。

3. 雙方若是互有愛意，可訂製粉晶對章，用紅線將兩枚印章繫緊並打結，好好收藏即可綁住兩人的心。